言葉で伝えない

溝部達司
概念アーティスト／Miz-Design代表

フォレスト出版

はじめに

私は、自分自身を「概念アーティスト（Conceptual Artist）」と名乗っている。

幼い頃からさまざまな歴史や芸術などに触れる環境で育ち、中学生のときに初めて油絵を描き始め、将来の夢は画家になることだった。亡父から画家になることは猛反対されていたのだが、抵抗する間もなくその夢は潰《つい》えた。高校生のときにピカソの全集に巡り合ってしまったのだ。

画家としてすでに名声を得ていたピカソが、自身の画風を一転させたキュビズムという得体の知れないまるで酷い絵を描いたことに衝撃が走った。彼自身の名声と価値観を壊してまで、なぜ「キュビズム」というわけのわからない絵を描いたのか？

自分を壊すことへの恐怖心と、それには勝てないという理解の外にいる自分との葛藤のなか、自分の人生の終わりを感じたのをいまでも鮮明に覚えている。それを理解できない自分自身の才能に絶望し、画家になることはあきらめて大学はデザイン科を選択した。

それから数年の月日を経てようやく、彼が自分の絵画に対する価値観を壊してまで新しい自分を構築した理由が理解できるようになった。詳しくはのちの章で話そう。

社会人になってからは、数多くのデザインやロゴを手掛けてきた。一般的には、「デザイナー」と呼ばれる職業だが、私のなかでそれらは「デザイン」という枠に留まるものではなかった。

なぜなら、「デザイン」というよりも、「概念」を創造してきたからだ。

それら概念が表すところを言語で正確に表現したり、言語で理解してもらったりするのはとても難しいことである。しかし、数十年前に確立した概念がいまだに私たちの記憶に強く残っているものも多くある。見る人、知る人、利用する人、概念にかかわったすべての人たちの感性に、自然な形で浸透していったからだと考えている。

つまり、私は「言語（言葉）」のいらない仕事をしてきたのだ。

そもそも、言語というのは不便さを生み出すものでもある。

地球には国境という目に見えない線が引かれているが、生き物たちは自由に国境を行き来しているにもかかわらず、唯一人間だけは自由に国境を超えることができない。

私たち人間は、わざわざ国境という見えない線をつくり、その国境を越えるためにわざわざパスポートをつくった。わざわざ無駄な時間を掛けて、わざわざ不便さを生み出しているのだ。

また、国境を越えると言語はがらりと変わる。言語が違う国に行けば、同じ人間同士にもかかわらずコミュニケーションは難しくなる。世界には少数民族まで入れて6800言語以上あると言われているが、宇宙から見たら地球は1つ。言語も1つであってしかるべきだ。


もし、国境がなかったら、私たちは地球でどのように過ごすのだろうか？

そんな想像をこれまで幾度となくしていると、本当に必要なものは言語よりももっとほかにあるのだと気づかされる。

だから私は、多くの人に国境という見えない線を消す消しゴムを一緒に創造してもらいたいと願っている。


本書では、〝言葉で伝えない〟の根拠になるデザインやロゴマーク、サイン、モノ、コトをいくつも提案する。そして、そのために必要な感性や思考などについて、私自身の経験を踏まえて紹介していく。

どんな学問をしていても、どんな仕事をしていても、どんなプライベートのときを過ごしていても、一番に必要なことは、分析したり説明したりする言葉ではない。大切なのは、「感性」を原点にさまざまな発想をすることだ。

仕事で新しいアイデアを生み出せない、取引先が求めている企画がつくれない、自分にしかつくれないものがない……。そんな悩みを持っているならば、ぜひ本書で紹介する〝言葉で伝えない〟考え方を確立してもらいたい。

見てわかる、見て感じるサインで、世界中の人たちが共有できるモノやコトをより多く生み出せる世の中になってほしい。そのために、〝言葉で伝えない〟概念を身につけることは重要だ。

言葉で伝えない　目次

第1部 デザインの本質

第1章 言語表現とヴィジュアル表現

第2章 言葉がなくてもデザインは語る

第2部 感性を磨く

第3章 デザインは「1」ではなく「0」から始まる

第4章 発想は五感を磨くことで生まれる

第5章 本物との出会いが本物の感性をつくる

第3部 人が想像できるモノは必ず創造できる

第6章 言葉の枠を越えた産物の数々

第7章
言葉を越える表現へ挑戦を続ける

装丁・本文デザイン　bookwall
図版デザイン　二神さやか
編集協力　財部寛子
校正　大江多加代
DTP　株式会社キャップス

第1部

デザインの本質

第1章

言語表現とヴィジュアル表現

「文化」の言語表現と「文明」のヴィジュアル表現

古代、人類はコミュニケーション手段として言葉を生み出した。それは、「聴覚」による「言語表現」だ。

その後「言語」は「文字」へと変遷する。相手にモノやコトを伝えるとき、または記録として残すとき、「聴覚」だけでなく、「視覚」、いわゆる「ヴィジュアル」でも表現できるようになった。

人類最古の文字の1つとされるのが楔形《くさびがた》文字だ。紀元前3500年頃に成立した世界4大文明の1つ、メソポタミア文明で使用されていた。また、紀元前1600年頃に建てられた中国最古の殷《いん》王朝の時代には、漢字の原点とされる甲骨《こうこつ》文字が使われていた。

楔形文字や甲骨文字は、点や線で表現される象形《しょうけい》文字に分類される。そして、その象形文字の前段階となる文字が「絵文字」だ。自然界にある太陽や月、水、雲、雷、動植物などをヴィジュアルで表現したものだ。

絵文字は象形文字の前段階ではあるが、表現について考えるとき、念頭に置いておきたいことが、その2種類の文字進化の過程が微妙に異なることだ。

象形文字を原点とする「文字」は、「意味」を伝えることで進化を遂げてきた。一方で「絵文字」は、視覚で「イメージ」を伝えることで進化してきた。

この違いは、「文化」と「文明」の違いでもある。

「言語」は視覚で表現できる「文字」になったとはいえ、それぞれの民族、宗教、生活習慣などに根ざした地域社会の文化から生まれたドメスティックなコミュニケーション手段だ。

現在、世界には少数民族も含めると6800以上もの言語があるとされているが、バイリンガルやトリリンガル、はたまた5カ国を話せるペンタリンガルはいても、これらの言語をすべて話せて理解できる人間はほぼ皆無だろう。

ましてや、方言となるとさらに限られたごく少数の人間の間でしかコミュニケーションは成り立たない。

一方で「絵文字」は、ヴィジュアル表現が進化していくことで「デザイン」が生まれ、「デザイン」は「言語」がなくても多くの人に「イメージ」させてその意図を伝えることができる。

歴史的象徴としてのデザインで言えば、西洋では「エンブレム」、日本では

非常口のピクトグラムサイン

「家紋」などが挙げられる。家柄や出身を表したり、戦争時に敵か味方かの識別を明確に伝えることが可能となった。それは新しい文明として便利に活用・認知されるグローバルなコミュニケーションツールとなり得た。

「非常口」を示すマークはその最たる例だ。いったん認識されれば、ひと目でその意味を理解させる大きな力を持っている。「非常口」を始めとしたさまざまな施設表示はもちろん、世界的な企業のロゴマークやブランドマークなども同様だ。

このようにヴィジュアル表現は、

「言語（言葉）」を必要とせず、広いエリアにおいて多くの人々の共通認識を得るための最短で有効な手段と言える。

伝達の本質に迫った「TOKYO 1964」

グラフィックデザイナーとして活躍した故・亀倉雄策氏（1915年4月6日－1997年5月11日）をご存じだろうか？　1964年に日本で開催された東京オリンピックのロゴとポスターをデザインした人物だ。

そのロゴは、白の背景に赤い丸、その下に五輪のマーク、さらにその下に「TOKYO 1964」とあしらわれている。世界中の人々に向けたロゴであるにもかかわらず、たったこれだけの要素しか入っていない。しかし、見る人はそれだけで最低限必要な情報はインパクトをもって理解することができる。

また、1962年には告知用のポスターも発表されている。5大陸のさまざまな人種の選手が短距離走のスタートを切った一瞬の写真、その下に日の丸と「TOKYO 1964」の文字。言葉はなくとも、〝世界的なスポーツの祭典が東京で行なわれる〟ことは一目瞭然で、胸が高鳴るような感情も同時に伝えきっている。

これらは、オリンピックのポスターとして初めてヴィジュアルを使ったとされているが、オリンピックに限らず、当時数多くあったポスターのなかでもとりわけ亀倉氏のデザインは異彩を放っていた。亀倉氏はおそらく、〝ポスターでの伝達に必要なもの〟を究極的に考えたのではないだろうか？ それは、つまり〝伝達の本質〟に迫ろうとしたのだろうと私は考えている。

遠くから見たとき、情報は少なくシンプルなほうがインパクトは大きくなる。イメージも膨らませやすい。そしてひと目でわかる。説得力がある。それこそがポスターの役目だ。

ちなみに当時、国はこのポスターのデザインを亀倉氏に一任していたという。

このとき、もしデザインやキャッチコピーを挿入してほしいなどの要望が少しでも国からあったとすれば、おそらくこの衝撃的なポスターは誕生しなかっただろう。同時に、日本のデザインの進化はもう少し遅れていたかもしれない。

枠をつくらない思考が自由な発想を生み出す

亀倉氏のように、その時代に異彩を放つ自由で衝撃的な発想を生み出すとき、そこに「枠」は存在しないものだと考えている。

ひと言に「デザイン」と言っても、一般的にはさまざまなカテゴリーに分類される。グラフィックデザイン、タイポグラフィー、インテリアデザイン、プロダクトデザイン、ディスプレイデザイン、テキスタイルデザイン、パッケージデザイン、ファッションデザイン、Ｗｅｂデザイン……、挙げればきりがない。おそらく時代が進むにつれて、このカテゴリーはもっと増えていくに違いない。

しかし、「デザイン」は「デザイン」であり、〝枠をつくらない思考〟形態としての「デザイン」は1つだ。本来、デザインにはカテゴリーも垣根も存在しない。

子どもたちの「学び」について考えてみても同様のことが言える。たとえば、私が小学生のとき、教室の前に張り出されていた時間割には「国語」「算数」「理科」「社会」「体育」「音楽」などと学習がカテゴリー分けされていた。

しかし、感性が豊かな子どもたちにとっては、国語や算数だけでなく、遊びや給食、クラブ活動、登下校の時間なども含めてすべてが「学び」だと言えるだろう。

いちいちカテゴリー分けをしていたら、自由な発想は生まれない。この〝枠をつくらない〟という考え方や概念については、この後、本書でさまざまな表現をもって繰り返し触れていくが、現時点では〝既成概念をなくす〟とでも言っておこう。新しいモノやコトを生み出そうとするとき、既成概念が邪魔をするというなんとなくの感覚なら誰もが持つことができるはずだ。

過去にある概念や価値観は、時間の流れのなかで普遍ではない。人類は、社会や環境の変化、技術の進化、突発的な事故や災害など、ときに予測も難しいさまざまな状態のなかで存在し続ける。〝枠をつくらない思考〟には、これらの変化をつねに感知して、柔軟で自由な発想を持つことが必要だ。

別の言い方をすれば、子どもの頃の「なぜ?」「どうして?」という純粋で素直な思考形態を大切にすることでもある。

しかし残念ながら日本の教育現場では、試験問題の正解が1つしかないように、教師が子どもたちに既成概念や学校規則を押しつけている面が多く見受けられる。それらは知識を覚えさせる教育であって、知恵を身につける教育のあり方ではないだろう。

本来は、子ども自身に考えさせる思考形態を学ばせていくべきであり、そういった教育が〝枠をつくらない〟柔軟で自由な発想で、誰もが物事に取り組める世のなかにつながると私は考えている。

教育の本質は自ら学び考えること

私が社会人になった1970年頃、あるコラムに感銘を受けたことがあった。詳細は定かではないが、次のような内容だったと記憶している。

マサチューセッツ工科大学建築学部のある教授が、新入生の授業初日、挨拶《あいさつ》直後にこのように言ったという。

「さっそくですが、いまから課題を出します。太陽系惑星以外の地球と異なるある惑星があります。その惑星は、地球と違って24時間に昼と夜が4回あります。気温は、昼間が摂氏267℃、夜間がマイナス254℃です。1日に4、5回のマグニチュード8・5クラスの地震があります。気体は窒素だけです。これらの条件下で快適に暮らせる居住空間を設計してください。それではみなさん、4年後にお会いしましょう」

マサチューセッツ工科大学だけあって、非常に難しい課題だ。しかし、私が感銘を受けたのは課題の内容そのものではない。4年間、教授が定期的な授業で学生に知識を〝教える〟わけではなかった点だ。

知的レベルの高いマサチューセッツ工科大学の学生に「教育の本質」＝「自ら学ぶこと、考えること、そして提案すること」を教えたことに対して、私は目から鱗《うろこ》が落ちるような感覚を覚えた。

まさに〝枠をつくらない思考〟があったからこそ、このように斬新な授業が生まれたのだと感じている。

デザインにサインを取り入れる「De／S·i·g·n」思考

〝枠をつくらない〟という考え方は、私が構築する「De／S·i·g·n」思考にもつながる。

「De」……………再現・ヴィジュアル化
「S·i·g·n」………広義には、人間、動物、虫、微生物、植物などが生き残るために環境が発信しているあらゆる情報

人間の場合は、この「S·i·g·n」を五感で捉え、脳内に送り込み、解析し、理解し、イメージすることができる。つまり、「De／S·i·g·n」とは、「環境が発信している情報を感性で捉え、イメージし、さらに概念構築して、それをヴィジ

ュアル化すること」だ。

そして、時間軸をも考え、デザイン自体に〝何を伝えたいか〟というサインを明確に取り入れる思考でもある。

「De／Sign」思考において、最も大切なことが「感性」だ。そもそも、視覚（見る）、聴覚（聴く）、味覚（味わう）、嗅覚（嗅ぐ）、触覚（触る）の五感は、環境が発信する情報を捉えて、生命を脅《おびや》かす危険を察知する重要なセンサーでもある。

生き物は感性が鋭《するど》いものほど長く生き残っていくことができる。とくに人間の場合は、感性が鋭いほど自己の心でより深くさまざまな判断をする能力が高くなるものだ。

たとえば、子どもに正解のない問題を出した場合、なんと答えるだろうか？既成概念を持つ大人は、なんとかして1つの答えを導き出そうとするかもしれない。しかし、大人よりも心で感じ取る力が強い感性を持つ子どもは、「問題の意味がわからない」「どうして?」「なぜ?」などと素直に答えるだろう。際立って感性のよい子どもなら、「いまの私には答えが見つからない」と答えるかもしれない。

これらの答えにはすべて正解を与えてよいと私は考える。それが感性の鋭さであり、既成概念に捉われず、自分自身で判断する力であるからだ。

インターネットの進化とともに情報過多の時代に生きている現代人は、より一層こうした感性を鋭くして情報を選別する能力が求められている。しかし、体や心が疲れた状態では五感は鈍《にぶ》り、環境が発信している情報の正否を判断したり、よりよい選択をすることができなくなってしまう。

感性は、生まれ育った環境や生い立ち、実体験などを肌感覚で捉える力で養成される。子どもの頃、文化や芸術、音楽、自然から得た体験、本物との出会い、目から鱗が落ちる体験などを多く経験していれば、五感で感じる心を十分に持つ大人になっているはずだ。

もし、子どもの頃にそういった環境で育っていなかったとしても、大人になっ

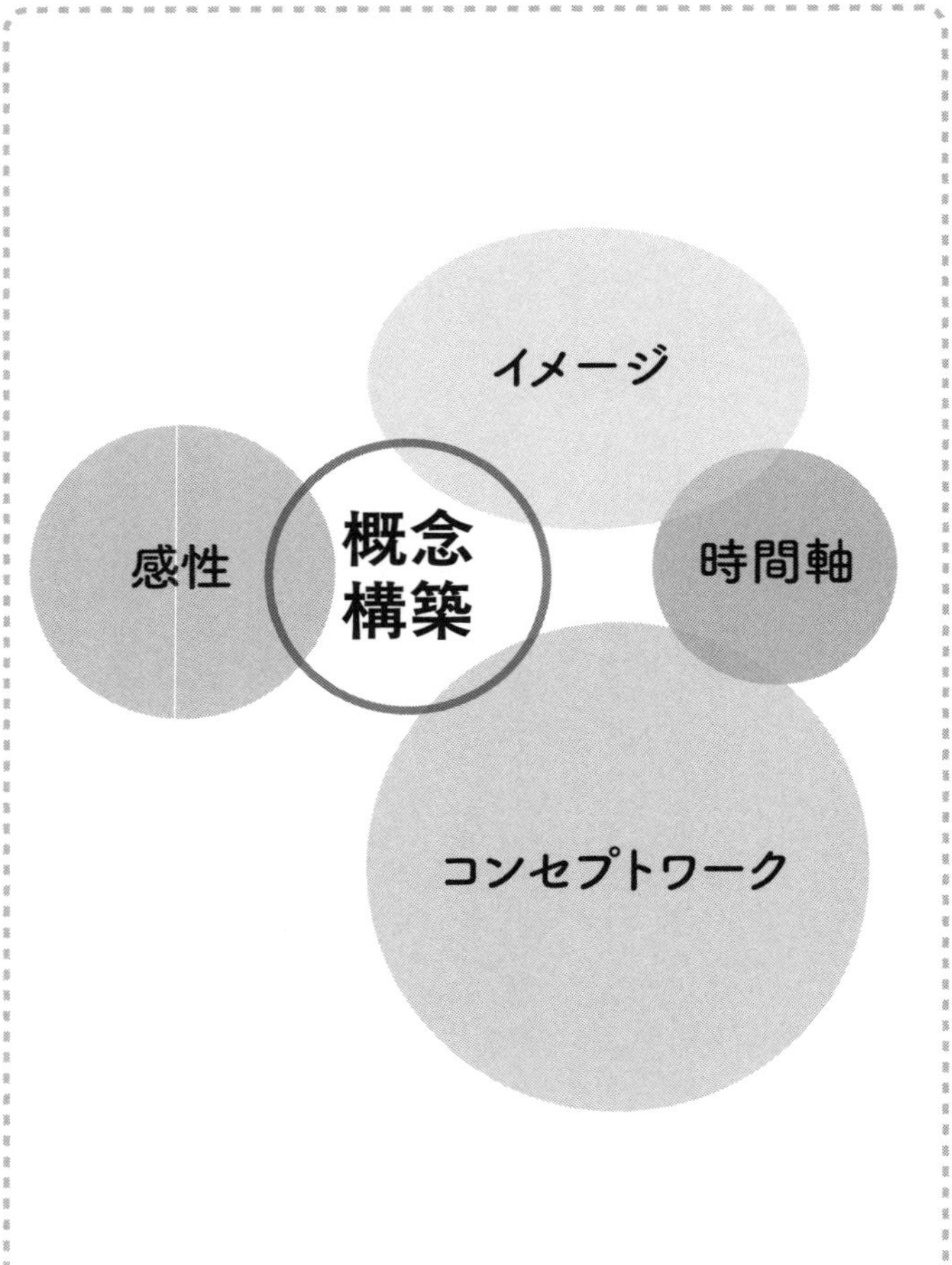

「De／Sign」思考の概念図

たいま、五感で感じる経験に意識を傾けることでも感性を育てることはできるから安心してほしい。

私が子どの頃に五感で感じてきた経験や大人になってからの感性の磨き方については後述するが、心身を豊かにして感性を育てておくことは〝枠をつくらない〟、「De／Sign」思考に必須と言えよう。

ヴィジュアルだけで表現するピクトグラムの力

まだ記憶に新しい2020年に開催された東京オリンピックで、ピクトグラムが話題となった。50種類におよぶスポーツのピクトグラムがつくられたのだ。

このピクトグラムは、古代からある絵文字の近代版と考えることができる。言語を越えて誰もが視覚でその意味を理解できる優れたヴィジュアルデザインが、ピクトグラムだ。

トイレのピクトグラムサイン

たとえば、誰もが知るピクトグラムとして「トイレ」の施設表示がある。もし、トイレの表示を文字で表現した場合、せいぜい5カ国程度を載せるのが限界だろう。それ以上の言語を表記すれば、表示プレートそのものが大きくなりすぎるか、あるいは文字が小さくなりすぎて可読が難しくなるかのいずれかだ。それ以前に、表記された以外の言語を使う人々には施設の判別すらできない。

男性と女性が並んだトイレのサインは、画像として目で見て認識できる。つまり、ヴィジュアル表現を突き詰めた至極シンプルなデザインと言えよう。

現代ピクトグラムが生まれたきっかけ

じつはこのトイレのマークを始めとしたピクトグラムは、前述した1964年の東京オリンピックが発祥だ。

当時の日本には、外国語を話せる人はまだまだ少なく、オリンピック開催に向けて外国語を話せるコンパニオンが募集されたが、その数は約1500人足らず。世界中の国から来日する外国人の対応を考えると、まったくの人員不足であることは明白だ。そこで企画されたのが絵文字、いわゆるピクトグラムの制作だった。

美術評論家の勝見勝氏（1909年7月18日－1983年11月10日）が中心となり、アーティストの横尾忠則氏（1936年6月27日－）を始め、当時の優秀な若手デザイナー総勢11人が集められ、オリンピックに向けて3カ月間、缶詰状態でピクトグラムの作成に没頭したという。

完成したピクトグラムは、施設表示39種類、競技種目20種類。多くの国々から来訪したさまざまな言語を話す人々に対して、言語の代替手段となったのは言うまでもない。

そして、この1964年の東京オリンピックをきっかけに、ピクトグラムが世界的に認知・利用されるようになったのだが、これは制作陣が著作権を放棄したためだ。「オリンピックにかかわったすべてのデザイナーたちが、世界のどこでも無償で使えるようにすることが大切だ」といった勝見氏の強い思いによるものだったという。

その結果、次の1968年のメキシコシティーオリンピックでは、日本のピクトグラムをベースにその地域に合ったデザインのピクトグラムが制作され、世界中に一気に広まっていくことになった。

すべてのヴィジュアルは言語を越える

ちなみに、1970年に大阪で開催された日本万国博覧会でも、施設表示のためのピクトグラムが新しく制作されている。「手洗い所」「医療救急所」「迷子」「忘れ物」「ベビーカー」「身体障害者」「警備」「電話」「郵便」「貸しロッカー」「喫煙」「禁煙」「レストラン」「売店」「エスカレーター」「電車」「バス」など、かなり多くのピクトグラムが制作された。

このときのピクトグラム制作は、1964年の東京オリンピックのときとは大きく異なる点があった。それが、1人のデザイナーに制作が委《ゆだ》ねられたことだ。それゆえにデザインにまとまりが生まれ、のちに施設ピクトグラムの集大成と言われるようになる。

日本人はもちろん、多くの外国人にもわかりやすい画像として理解されたため、歴史的なインパクトは弱いものの、優れたデザインだと世界的に評価された。

こうした一連の経緯もあり、ピクトグラムは言語を越える力を持つようになっていったのだ。

現在、ピクトグラムに限らず、デザインを行なうポスター制作や画像認識技術においては、写真・映像技術とともにヴィジュアルの持つ認知力は格段に上がっている。

言語は、前述のとおり約6800語以上と多種多様であり、科学や技術が格段に進化した現在でも、全人類間の共通言語でのコミュニケーションは成り立っていない。代表的な言語ですら会話や教科書などで学習しても、使いこなすには限界があり、なかなか理解できない現実がある。

グローバル社会とは言いつつも、言語と文字においては、コミュニケーション手段として世界中の人々が共通して認識することは困難というわけだ。

その一方で、人間の視覚による感知機能、とくにヴィジュアルから認知できる割合は、約80％以上とも言われている。
このことからも、〝見てわかる〟ことがどれだけ重要かが理解できるだろう。

――すべてのヴィジュアルは言語を越える

ただし、企業や商品のロゴマークにしろ、ブランドマークにしろ、あるいはポスターや看板にしろ、一度見ただけで記憶に残る、本当に伝わる表現をつくるためには、やはり〝枠をつくらない思考〟を養っていく必要があるのだ。

第2章

言葉がなくてもデザインは語る

安全な方向を直感させる世界標準の「非常口」サイン

言語を越えるヴィジュアル表現には、オリンピックで使用されたピクトグラムのように具体的なモノを表現するだけではなく、人間の心理や感覚を突いた表現も多くある。

たとえば、「非常口」を示したピクトグラムがその代表である。これは緊急時、誰が見てもすぐにわかる視認性の高さが求められるサインだ。現在の非常口のピクトグラムは、じつは日本でデザインされたもので、国際的に通用するサインとしてＩＳＯ（国際標準化機構）に認定されている。

この国際標準の非常口のサインは、１９７９年、ＩＳＯが国際的に公募したことが始まりだ。とはいえ、日本の消防庁はこの最初の公募にも、国際会議にも参加していなかった。そしてＩＳＯの検討の結果、国際規格として当時のソ連（ソビエト社会主義共和国連邦）が提出したデザインを候補としていたのだ。

当時日本では、１９７２年の大阪・千日デパート火災で死者１１８人、１９７３年の熊本・大陽デパート火災で死者１０４人という悲惨なビル火災が連続して発生していた。

その当時も非常口サインなるものはあったものの、サインボックスは10ワットの蛍光灯１本のみ。そのため、天井近くに設置されていた非常口サインは立ち込める煙によって見えていなかったのではないかと推測されている。

それ以後、とにかく目立つようにと試行錯誤を繰り返し、「非常口」と大きく文字表記された20ワットタイプや、40ワット2本の巨大ボックスタイプなどに全国的に取り替えられたわけなのだが、煌々《こうこう》と光る大型非常口サインはその環境に配慮できないサインとなってしまった。

というのも、映画館での上映中はその光が映画の雰囲気を壊し、病院であれば明るすぎる光によって患者の睡眠の妨げになるというクレームが全国から寄せられていたのだ。こういったことが国会でも議論され、あらためてピクトグラムについて検討された経緯がある。

生き物としての人間に共通する感性

そうして消防庁は、非常口を表すデザインアイデアを日本全国から公募。合計3337点ものアイデアが集められ、そのなかから選ばれたアイデアのブラッシュアップを、グラフィックデザイナーの太田幸夫氏を中心にサインデザイン協会などの数人のメンバーで行なうこととなった。

約60点のデザイン案が作成され、どのようなデザインが非常口として認識されやすいのか、機能をしっかりと果たせるのかといった実証実験も行なわれた末、1979年にようやく消防庁によって最終決定。1980年にJIS化されたのが、現在の非常口のデザインというわけだ。

そのデザイン案がISOに提出された際、高く評価されたことでその後の会議でさまざまな議論が交わされたようだが、不思議なことに、すでに候補となっていたソ連案も日本案も似たデザインであった。その違いは、ドアやドアの枠があるかないか、という点だ。

次ページのイラストを見てほしい。ドアやドアに枠があるかないかで、受け取る印象はかなり違うのがわかるのではないだろうか？

人間の深層心理として、ひと目で安全な出口の方向に向かって逃げることを感じさせる究極のデザインが日本案だったというわけだ。こうして1987年に日本案が世界で認められ、条件付き（詳細は割愛する）で正式な国際規格となった。

上：日本案、下：ソ連案

ちなみに、非常口の色彩は、炎の色に対して補色関係にある緑色が最も認識しやすいこと、また緑色は安心・安全の色であることからＩＳＯが規定したものである。

前述した大型の非常口サインは、１９７９年の「面光源」の開発により（第6章参照）、薄型でやわらかく、やさしく光る非常口サインとなった。

人間の五感は、環境が発信する情報を捉えて、生命を脅かす危険を察知する重要なセンサーでもあると先述したが、ヴィジュアルで表現したときには、国や人種、言語が異なっても、生き物としての人間に共通する感性があることが証明されたかのような非常にいい例である。

グラフィックで表現する日本人のアイデンティティー

日本人が持つアイデンティティーをグラフィック的に構築した人物が、デザイナーから美術家や版画家などに進化して活動する横尾忠則氏だ。日本には日本独特の文化や習慣、美意識があるが、それらは外国人にはない感性であり、しばしば賞賛の対象となっている。横尾忠則氏はそのアイデンティティーをヴィジュアルが持つ力で表現し、世界で評価されている人物だ。

そもそも、日本人が持つアイデンティティーとは何か？　それを言葉で表現することは非常に難しい。

着物、扇子、床の間、華道、茶道、剣道、柔道、富士山、相撲、寺、神社、十二単、浮世絵、歌舞伎……など、いわゆる和風のモノやコトは、日本人ではなくても幅広く想像できる。

しかし、日本人の場合、そういった和風のモノやコトに対して、たんに〝日本的〟という認識を持つだけではないだろう。そこには日本人だからこそ感じる日本独特の感性や意識も付随しているはずだ。それが日本人の持つアイデンティティーだと考えている。

そういった筆舌に尽くし難いアイデンティティーを表現している歴史的な人物の1人が、江戸時代後期の浮世絵師である葛飾北斎だろう。たとえば、有名な作品に『富嶽三十六景《ふがくさんじゅうろっけい》』がある。

生き物が動いているかに見えるほど迫力がある大きな白波を描いた『神奈川沖《かながわおき》浪裏《なみうら》』（通称「波間の富士」）、なんとも言い難い赤色の山肌の落ち着き払ったかのような富士山を描いた『凱風快晴《がいふうかいせい》』（通称「赤富士」）などは、多くの人が目にしたことがあるだろう浮世絵版画だ。

これらの作品について、日本人として、いかにも日本的であることを言葉でどう表現できるだろうか？　ぴたりと当てはまる表現にたどり着くことはなかなか難しい。ただただ、〝日本らしさ〟という言葉を越え、日本人の心に共通する古くから受け継がれる内面的・精神的な日本を感じさせるのである。

横尾氏のグラフィックな作品も同様で、横尾氏を〝現代版浮世絵師〟と私は表現している。さまざまな作品から、『富嶽三十六景』のように日本人に共通する一定の概念や感性といったものが表現されていることに気づかされてならない。

代表的な作品の1つに、劇団「天井桟敷《てんじょうさじき》」の公演ポスターがある。「天井桟敷」は、1960年代後半から1970年代前半にかけて存在したアングラ演劇の集団である。

横尾氏が手掛けた公演ポスターには、遊郭《ゆうかく》に代表されるような日本人の持つエロティシズムが表現されていたり、旭日旗《きょくじつき》が背景にデザインされていたりと、モノやコトのもっと奥にある日本人のアイデンティティーが取り入れられているように感じる。

ちなみに横尾氏は、1964年の東京オリンピックでのピクトグラム制作の一員でもありデザイナーとしての経歴も持つ。デザイナーという枠を越えてアーティストへと大きく進化し、言語を越える表現の時代を築いた1人と言えよう。

国旗に歴史や文化は表現される

日本だけでなく、それぞれの国のアイデンティティーを極めてシンプルに表現しているものが、「国旗」と言えるだろう。世界には200以上の国々があるが（日本が承認している国の数は196）、それぞれの国旗には、その国の歴史や思想、環境などが詰まっている。

たとえば、「色」で考えてみる。各国には尊重される「民族色」があるケースが多い。

日本の場合、その民族色が「赤」と「白」であり、日の丸を見れば一目瞭然だ。日本には古くから「日いずる国」との考え方があることは周知のとおりで、赤い丸は朝日を表現している。

また、赤色で博愛と活力、白色で神聖と純潔を表しているとも言われている。紅白の水引や紅白まんじゅう、紅白幕など、赤と白は縁起のよい色として古くからさまざまな場面で使われているように、日本人が大切にしている色であることがよくわかるだろう。

同じ赤色でも、中国や北朝鮮、ベトナム、カンボジアなどへ行くと、共産主義や勝利を意味していたりする。また、中国とベトナムの国旗には黄色い星がデザインされているが、仏教や儒教の世界では黄色は最も高貴な色とされているようだ。皇帝の色として黄色が使われているのを映画やドラマなどで見たことがある人も多いだろう。

また、青と白と赤のトリコロールで馴染みがあるフランスの国旗では、青が「自由」、白が「平等」、赤が「博愛」を意味し、自由を求めるフランス革命を象徴している。

イタリアン・トリコロールの赤は「愛国心」、白は「正義」、緑が「国土」を象徴している。イタリア料理の代表としてピッツァが挙げられるが、とくにマルゲリータは、トマト、モッツアレラチーズ、バジルの葉で国旗の3色を見事に表現している。マルゲリータは愛国心を表した料理と言えるだろう。

世界の潤滑油になれる日本人の感性

現在、私たちは色彩を自由にコーディネートすることができる時代に生きているが、かつては権威の象徴であったり、社会階級を表すものであったりと色の使用を制限される時代もあった。ゆえに、世界中の国旗を見ることで、それぞれの国の歴史や文化を感じ取ることができる。それもヴィジュアルの面白いところではないだろうか?

また、色彩心理学において、白色と黒色は反対色とされており、意見交換をしても相入れない「間」が生まれる。これを白色人種と黒色人種の人種間で捉えると、歴史的事実としての人種問題が浮かび上がってくるわけだが、白色と黒色の間に黄色を入れるとどうなるだろうか?

その3色を混ぜるとベージュ色になるように、黄色人種の日本人が持っている「感性」が入ることで、その間をまったく違う色や雰囲気に染め上げてくれると考えている。

日本人の持っているアイデンティティー、つまり感性は、「まあまあ」、「ぼちぼち」とか、「譲り合い」、「調和の精神」だとも言えよう。私はこれらの日本人が持つアイデンティティーは世界の潤滑油になると信じている。

国際的に統一しなければならないモノ

国ごとの色彩感覚の違いの話で言えば、道路標識もそれにあたるだろう。基本的に道路標識はその国ごとに制定され、視認性の高いデザインが追求されている。

危険を示したり、制限を設けたりと、国民の安全な通行を担保するために重要な役割を果たしていることは明白である。時速数十キロメートルの速度で進む車を運転しながらでも、一瞬でその意味を理解できるようにつくられていなければならない。それほど、瞬間的な視認性が必要な表示だ。

また、「止まれ」「一方通行」「信号機あり」「踏切あり」「駐車可」「横断歩道」など、たとえ教習所や学校で学んでいなかったとしても、その意味をなんとなく認識できる標識も多い。道路標識も、言葉がなくても一瞬でわかるデザインの代表と言えるだろう。

洗練されたデザインが必要である道路標識だが、前述した「非常口」のピクトグラムとは違い世界共通のものではない。ただし、1968年に「道路標識及び信号に関する条約」という国際的に道路標識を統一する条約が採択され、形状と色彩、記号で表現する「国際連合道路標識」が使われている。ヨーロッパを中心にこの条約に批准している国はあるものの、日本は批准していない。「国際連合道路標識」を取り入れる形で標識を改正しているようだ。

つまり、全世界に目を向けると道路標識は統一されておらず、世界中の人々の

日本で使用されている道路標識の例

安全と安心が確実に担保されているとは言い難い、というわけである。

島国の日本で暮らす私たちにとっては、道路標識を国際的に統一する必要性はあまり感じないかもしれない。しかし大陸となると、地続きで国と国が隣接しているため、ほんの数メートル国境を越えただけで標識のデザインやニュアンスが変われば、意味の把握が難しくなるのは容易に想像できる。

国際的に人々が往来する現代においては、本当の意味で言葉を越えた道路標識が必要になってくるのではないだろうか?

見るだけで味をイメージできるロゴマーク

世界的に周知されている「ロゴマーク」や「シンボル」も、洗練されたヴィジュアルだと言える。

長い歴史と格式があり、世界的に確立された地位のある企業やブランドのロゴマークも、ひと目見ただけで多くの人に認知されるデザインの1つだ。

シャネル、ルイ・ヴィトン、ベンツなどがその代表的な例である。ほかにも、コカ・コーラやマクドナルド、ケンタッキー・フライド・チキン、セブン‐イレブン、ディズニー、トヨタ自動車、ソニー、アップル、グーグル、アマゾン、スターバックス、ユニクロなど、時代の流れとともに次々に登場している。

こうしたロゴマークは、企業理念ＣＩ（コーポレートアイデンティティー）の確立に基づいた企業イメージを伝えるデザインであり、ブランドマークは商品コンセプトの確立にともなう、商品特性、ターゲットやポジショニングなど、〝消費者にどういうイメージを与えるか〟を重視してつくられなければならない。

それぞれに競合は多く存在しているわけで、自分たちがどのように主張していくか、どのように存在感を放っていくかが大きな課題となる。

たとえば食品や飲料、生活雑貨を扱う企業は、企業ごとに多くの商品やブランドを持っている。そして、それぞれの商品やブランドにはそれぞれを示すマークがついていることが多い。

Coca-Cola

というアルファベットのロゴマークを見れば、英語がわからない人でもいったん認識すれば、あのコーラの「Coca-Cola」であると、すぐに思い浮かべることができる。〝パッと見てすぐに認識できる〟ことが企業やブランドのロゴマークに必要な要素なのだ。

ちなみに、日本コカ・コーラは、「い・ろ・は・す」「綾鷹」「アクエリアス」「ジョージア」「Qoo」などの飲料を展開している。これらが日本コカ・コーラと同じ会社の商品だと知らなかった人も案外多いのではないだろうか？　同じ会社が提供しているとあえて感じさせないようにしているのかもしれない。

それぞれのブランドや商品がしっかり独り立ちしていることで初めて、文字としてブランド名を見ただけでも、あるいは聞いただけでもそのロゴマークと商品を思い浮かべることができる。

そして、ロゴマークが目に入ってきた瞬間、形状や味、香りなどまでイメージさせられるインパクトを、それらのロゴマークと商品は持ち合わせているのだ。

世界で一番シンプルな企業ロゴマーク

世界中に数多くあるロゴマークのうち、最もシンプルなものがスポーツ用品メーカーの「NIKE」だろう。ちなみにナイキというブランド名は、ギリシャ神話に登場する、勝利を表す女神をローマ字表記した「Nike（ニケ）」にちなんでつけられ、これを英語読みにして「ナイキ」となったようだ。

「NIKE」というブランド名が誕生したのは1971年で、ロゴマークの誕生も同時期だとされている。ロゴマークをデザインしたのは、アメリカのポートランド州立大学でグラフィックデザインを学んでいたキャロライン・デビッドソンという学生だった。

創設者であるフィル・ナイト氏が、同大学で講師をしていたことが縁だったというのだが、たった1人の学生に白羽の矢を立てて出来上がったこれほどまでにシンプルなデザインが、世界中の誰もが認知するロゴマークへと成熟したのである。

また、このロゴマークには「Swoosh（スウッシュ）」という愛称がある。「シュッと音を立てる」という意味の英語で、スポーツが持つ〝躍動感〟や〝スピード感〟をコンセプトとして表現した完璧なロゴマークと言えるだろう。

至極シンプルなデザインであるにもかかわらず、たった一度見ただけで認識できる、誰もがわかる、まさに言葉を越えるインパクトがある究極のロゴマークが「NIKE」だ。

ティファニーブルーはどんな色？

前述したようなロゴマークは世界中に数えきれないほどあるのだが、とりわけジュエリーブランドの「ティファニー」は別格と言える。なにしろ、「ティファニー」という音を聞くだけで、水色にグリーンを混ぜたような、トルコブルーに近いような、あの色を多くの人が思い浮かべるからだ。世界的に認められたあの色、「ティファニーブルー」だ。

逆に、「ティファニーブルー」を見ただけで、ロゴマークやブランドの文字を見なくても「ティファニー」を思い浮かべる人は多いだろう。

「ティファニーブルー」を目にするだけで、清潔感や華やかさ、品位の高さを感じさせるとともに、多くの人々に愛されているブランドとして世界中の人々に刻印づけしたのだ。

このように、多くの人々の心や意識にどれだけ定着させられるのかということも、企業やブランドのロゴマーク制作に重要なポイントなのは言うまでもないだろう。

名前を聞くだけで脳裏に浮かぶあの写真

ポスターや標識、ロゴマークなどのように目的を持ってデザインされたものではなくても、一切の説明を必要とせず、パッと見て誰もが1つのモノやヒトを瞬時に思い浮かべる「画」がある。

まずは「アインシュタイン」だ。舌をペロンと出したユーモラスな顔＝「アインシュタイン」だと世界中の人々に認識されている。

アルベルト・アインシュタインはドイツの理論物理学者で、相対性理論を提唱したことは多くの人が知る事実だ。もちろん、そのほかにもさまざまな理論を提唱し、〝20世紀最高の物理学者〟と呼ばれる偉大な功績を遺した人物だ。

しかし、そういった頭脳や功績を説明するよりも、舌をペロンと出したあの写真もしくはイラストこそが、「アインシュタイン」であると感じてしまうのだ。

自由の女神像

また、「ピカソ」の作品もひと目見て「ピカソ」だと認識する人は多い。

ピカソと言えばの独特な平面化された絵画の手法を「キュビズム」と呼ぶが、その道に詳しくなければ、本当にウマいのかヘタなのかよくわからない。一風変わったただのヘンテコな作品だと思っている人もいるかもしれない。しかし、それはさておいても、あの絵を見て「ピカソ」を連想する人は多いだろう。

「アメリカ」と言われればどうだろう

か？　「自由の女神像」を真っ先に思い浮かべる人は多いのではないだろうか？　１８８６年、アメリカ独立１００周年の記念にフランスからニューヨークに贈られたもので、じつは、正式名称は「世界を照らす自由」と言うそうだ。

大きく掲げた右手で松明《たいまつ》を持ち、左手にはアメリカ独立宣言の銘板を抱えている。頭の冠《かんむり》には７つの突起があり、世界の７つの大陸と７つの海を表している。その堂々とした姿に、アメリカの自由と民主主義が表現されているわけだ。

しかし、そういった自由の女神像が表現するさまざまな意味や歴史を知らなくても、「自由の女神像」は、ただただ「自由の女神像」としてやはり世界中の人々に認識されるのだ。

日本を言語不要で表現できる唯一の山

世界的に誰が見てもわかる「画」は日本にもある。言わずと知れた「富士山」だ。外国人に「日本と言えば？」と質問すると、「富士山」と答える人が多くいるはずだ。日本人ならなおさら、子どもの頃から「日本一高い山」、あるいは『ふじの山』という童謡にあるように「日本一の山」として認識されている。

しかし、世界には富士山よりももっと標高が高くて、有名な山はたくさんある。エベレストやキリマンジャロがその代表だ。しかし、それらの山の名前を知っていても、富士山のように山の姿をイメージしたり、さらっと描いたりすることは難しいのではないだろうか？

その逆も然りで、エベレストやキリマンジャロの写真を見ても、誰もがその山の名前をすぐに答えられるとは言えないだろう。

一方で富士山は、色についても多くの人に共通する認識がある。富士山の絵を描くとき何色を使うだろうか？　おそらく頂上あたりに雪の白色、そして山肌には青色を使う人が多いだろう。それにしても、日本人が山の絵を描くとき、青色を使うのは富士山くらいではないだろうか？

実際には、裾野に草や木が生えているだろうし、5合目を過ぎて頂上へ近づくほど草木が少なくなっていき土や岩が多くなっているはずだ。つまり、実際には緑色や茶色を使ってもおかしくないのだが、〝富士山は白色と青色〟でなければならない。

青色のカレー、「富士山カレー」という商品を見かけたことがあるが、食品ですら一般的に食欲が減退すると言われる青色を使うほどだ。それほどにまで富士山と言えば、「青色」が当たり前になっている。

余談だが、富士山の青色にはからくりがある。青色は環境がつくり出す色で、距離が遠くなればなるほど空気は青く見えるという光の仕組みがある。そのため、大きな富士山を遠くから見たとき、人間の目にはきちんと白色と青色に見えており、多くの人がイメージする富士山の色は実際には間違いではない。

こうした「富士山」の色も含め、「アインシュタイン」も「ピカソ」も「自由の女神像」も、それぞれの長い歴史とともに多くの人々に刷り込まれた「画」であることがわかる。

ポスターや標識、ロゴマークなどは、そのデザインに意味が込められているが、これらは意味云々よりも、無意識のうちに世界中の人々に認識されるようになった究極の「画」だと言っても過言ではない。言葉ではなく、デザインさえ越えて人々に語りかけるヴィジュアル表現の極致と言えるだろう。

第２部

感性を磨く

第3章

デザインは「1」ではなく「0」から始まる

枠を取り去る0ベースの発想

言葉による説明を必要としない、自由で斬新な表現を発想するためには、〝枠をつくらない思考〟と環境が発信している情報を感性で捉え、イメージし、それをヴィジュアル化する「De／Sign」思考が必要だと述べてきた。

それらの思考を身につけるためには、子どもの頃から、あるいは大人になってからでも、感性を磨き続けることが重要だ。しかし、それ以前に、もう1つ、腑に落としておきたいことがある。

それが、〝0ベースの発想〟。つまり、「0」の本質を理解することだ。

たとえば、日々、新しい企画や商品について考えなければならない仕事をする人は多くいるだろう。そんな仕事をしているとき、思考回路はどのようになっているだろうか？

いままでにない新しいデザインをつくりたい。
あの商品を上回る性能を搭載したい。
方向性を変えた企画がほしい。
時代に合ったリニューアルを成功させたい。

このように、「いままでにないモノ」「いまよりもっといいモノ」「違う切り口から攻めたモノ」などを追求してはいないだろうか？

しかし、こういった思考回路から生み出されたモノは、すでに〝過去〟にあった、あるいは〝現在〟あるモノの形状や色彩、企画を参考にした模倣の系列になってしまう。しょせんは比較論から生まれたモノでしかないのだ。

つまり、「1」からスタートしている思考であり、「0」から発想したものではないということになる。

「0」の本質を理解できる概念が備わっていなければ、オリジナルのデザインや新商品、新業態などを創造することはできないと考えてほしい。

「0」とは何か?

「君たち、『0』とは何か? 子どもたちに説明できるか?」

これは、私が多摩美術大学に在籍していたとき、故・北山暢彦教授がデザインエンジニアリングの最初の授業で発した言葉だ。

美術大学の授業でのこの第一声に、私は驚きとともにすこぶる面白さを感じた記憶がある。算数で「0」が導き出される数式は教えてもらいはしたが、「0」の本質や概念を教えてもらった記憶などまったくなかったからだ。

教授の質問は一見かんたんそうに思えるかもしれないが、答えられる人は案外少ない。私自身も、子どもたちに「0」についてどのように説明するべきか、頭を悩ませることになった。

当時、立体デザインをともに学ぶ同期生は46人いたが、その誰もが答えを出すことはできなかった。「0」の本質を理解すること自体、捉えどころがない難しい課題なのだ。

あるときパッと閃《ひらめ》いたのは、その問いかけから1カ月半ほど経った頃だった。

ちなみに「0」の概念については、7世紀のインドの数学者ブラーマグプタという人物が著書『ブラーマ・スプタ・シッダーンタ』に記述している。その記述内容を承知している人もいるかもしれない。

それはさておき、この段階では多くの人が「1－1＝0」「2－2＝0」といった数式上で導き出される「0」が、つまりその「0」であると、説明しようとするのではないだろうか？

しかし、それはあくまでも〝数〟としての「0」、数式としての「0」にすぎない。数式を知らない子どもであっても理解できる答えとは言えない。

あるいは、「何もない」が「0」と説明する人もいるかもしれない。では、「何もない」とはどういうことか説明できるだろうか？

もしかすると、「0」を哲学的に説明しようと考える人もいるかもしれない。

いずれにしろ、それらの説明で小さな子どもたちが「0」を理解できるだろうか？

「コップ」を取り去ったら何が残る？

私が導き出した「0」とは、〝同じモノやコトを取り去った状態〟を指す。

たとえば、手のひらに「コップ」が載っているとする。その同じ「コップ」を取り去った状態が「0」だ。

あるいは、テーブルの上に「イチゴ」と「イチゴ」が並んでいるとする。「0」は、そのテーブルの上の「イチゴ」と「イチゴ」を取り去った状態のことを言う。

カゴのなかに「卵」と「卵」と「卵」と「卵」と「卵」が入っているとするなら、そのカゴのなかの「卵」と「卵」と「卵」と「卵」と「卵」を取り去った状態が「0」だ。

広場に駐車している「黒い車」と「黒い車」と「黒い車」と「黒い車」と「黒い車」と「黒い車」と「黒い車」と「黒い車」と「黒い車」と「黒い車」なら、その広場に駐車している「黒い車」と「黒い車」と「黒い車」と「黒い車」と「黒い車」と「黒い車」と「黒い車」と「黒い車」と「黒い車」と「黒い車」を取り去った状態が「0」ということだ。

この文章での説明に対して、非常にしつこく、まどろっこしく感じる人は多いはずだ。要は「1－1＝0」「3－3＝0」「5－5＝0」「10－10＝0」と同じではないかと思う人も、また多いのかもしれない。そう思うのはおそらく「0」の本質を腑に落とせていないからだ。

1、2、3、4……という数字は、あくまでもモノの数を便利に認識するため、また人類が共通して理解するためにつくられた記号のようなものでしかない。

したがって、「0」を説明するときに数字や数式を使うことは「0」の本質を理解しているとは言えない。

また、「0」は「ない」とも違う。あったモノと同じモノを同じだけ取り去った状態が「0」なのだ。

ここまでの説明を読んで、「理解できた」「説明としてはわかった」「わかったような気がする」と答える人もいるだろう。しかし、単純に「理解した」というだけでは、本当に「0」の本質を理解できているとは言い難い。

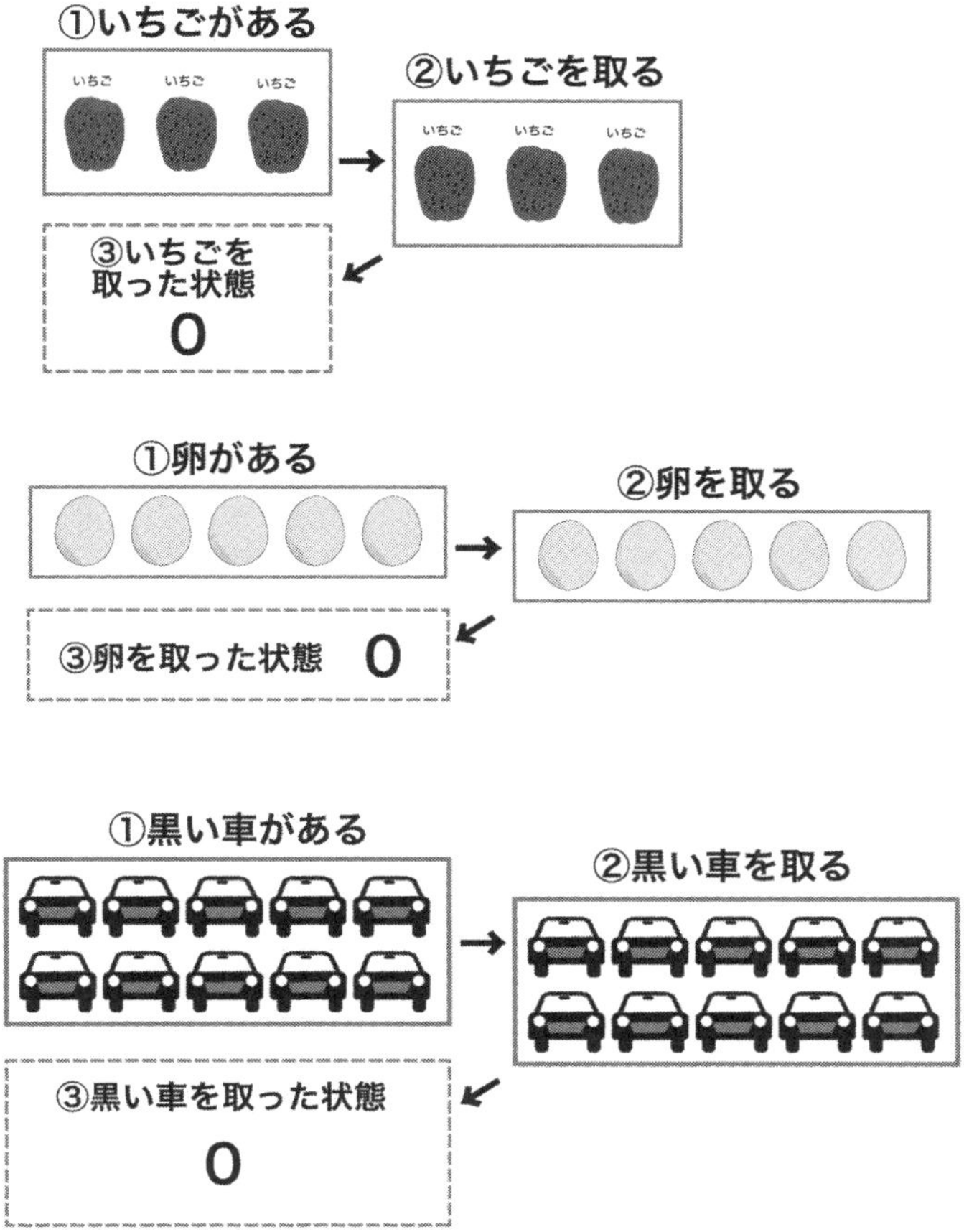

同じモノやコトを取り去った状態が「0」

「理解した」ではなく、「腑に落ちる」ことが重要だ。もっと言えば、「0」の本質を五感で体の細胞に染み込ませなければならない。

「0」から「1」を生み出す力を養う

「0」の本質が腑に落ちた瞬間、すべての〝発想の原点〟が生まれる。それは、感性がかなり磨かれていて、豊かな感性を持ち合わせている証しになる。

そして、「0」だけでなく、あらゆるモノやコトの本質をわかりやすく語れるようにもなる。過去・現在に存在するすべてのモノやコトの既成概念をなくすことで、〝すべての枠〟を取り払うことができる。

また、「0」が「ないもの」と違うことも明確に理解できるはずだ。なにしろ、「ないもの」と考える時点で、「ない」という思考形態や枠が存在することになるからだ。〝0ベースの発想〟こそ、枠をつくらない思考そのものというわけだ。

この「0」の本質を腑に落とし、すべての枠を取り去ることができる思考形態をつくるためには、本書ですでに何度も説明しているとおり、〝感性を磨く〟ことが重要となる。

感性が磨かれる経験については、次の第4章、第5章で私自身を例に紹介していくが、ここで「0」の本質を五感で捉え、腑に落とせるようになるための具体的な訓練方法を1つ紹介しておきたい。

1. 目を閉じて、1つのコップが目の前にあることをイメージする。
2. 目の前のコップと同じコップを取り去った状態をイメージする。
3. 1と2を3分間繰り返す。
4. 1〜3を1週間に10回程度行なう。

この訓練によって、〝同じモノやコトを取り去った状態〟が「0」であるという概念を体の中に染み込ませていくことができるようになるだろう。

1. 目を閉じて、1つのコップが目の前にあることをイメージする。

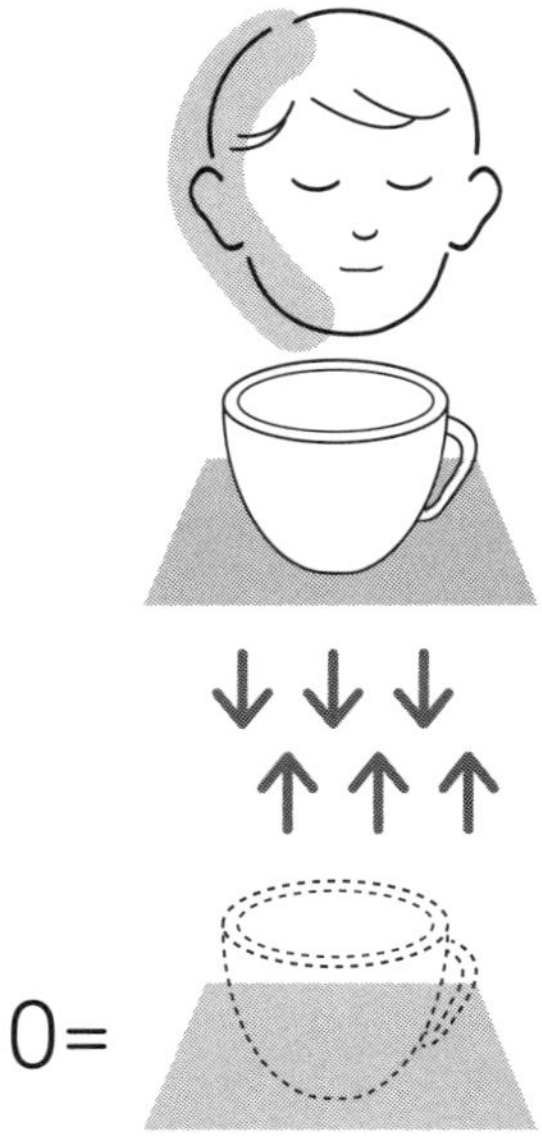

2. 目の前のコップと同じコップを取り去った状態をイメージする。

3. 1と2を3分間繰り返す。

4. 1〜3を1週間に10回程度行なう。

「0」の本質を捉える訓練

発想を実現させるために必要なモノ

ここまでの話が腑に落ちてくれれば、私が構築している「De／Sign」思考が、デザインにかかわるものだけを生み出す思考ではないこともわかってくるはずだ。

デザイン自体に「何を伝えたいか」というサインを明確に取り入れる「De／Sign」思考は、環境問題、政治・経済、少子高齢化問題、医療、エネルギー、原発問題、人間や動植物、宗教、戦争、自然災害など、環境が発信しているすべての本質に迫る思考回路につながるものだと言える。

つまり、「0」の本質を体に染み込ませて、〝0ベースの発想〟ができるようになれば、あらゆることを自由に創造できるようになるというわけだ。

欲を言えば、さらにつけ加えておきたいことがもう1つある。

それは、「志」と「信念」を持つということだ。「0」の本質が腑に落ちても、「0」から「1」を生み出して形にすることはやはり容易なことではない。

「0」から「1」を生み出すとき、「これは世の中のためになるものだ」「これからの時代に絶対に必要なものだ」「世の中はこう変わるべきだ」といった絶対にぶれない志と信念が必要だとつねづね感じている。

これらを持っていれば、確固としたコンセプトワーク（ひと言で物事の本質を表すこと。詳細は第7章参照）ができるだろう。

時代の変化を読み取る力が新しさを生む

世の中には〝0ベースの発想〟を持たない人が多い。持たない人のために何かをつくり出しても、すぐに共感を得ることはできない。批判されたり嘲笑《ちょうしょう》されたたりすることも少なくないだろう。

そもそも、〝0ベースの発想〟でつくり出したモノをありきたりな言葉で説明したところで本質は理解してもらえないし、それ以前に言葉で的確に表現することは難しいものだ。

だからこそ、志を強く持ち、言葉を越えるモノをつくり、それが世の中に広まる必要があるという信念が必要だ。

〝いま〟の人々が、未来に向かう時代の変化を理解するのは難しい。あるモノやコトが、5年後、10年後、30年後、100年後、あるいは1000年後、いつの時代に必要となるのか――。

鋭い感性を磨き、本質を語れる〝0ベースの発想〟ができる人間になっておくことで、時代の変化を読み取った新しい発想ができるようになることを忘れないでほしい。

吉田松陰や高杉晋作らに学ぶ「志」

志を強く持つことについて、私自身が意識するきっかけとなった歴史上の事実を紹介しておきたい。

江戸時代末期の武士であり、「松下村塾《しょうかそん》」を開いた教育者でもある吉田松陰が、次のような有名な言葉を残している。

「志を立ててもって万事の源となす」

志、つまり目標を持つことがすべての物事の源であり始まりである、という意味だ。

吉田松陰は、開国論を提唱し大攘夷《だいじょうい》の考えを持っていた。開国することで外国と対峙できる強固な日本をつくっていくべきだと強く信じていたのだ。

鎖国下は外国の文化や文明がどの程度進んでいるのかなど、日本で暮らす人々には到底知る由もなかった時代だ。そんな時代、黒船に乗って密航しようとすら考えていたとされる松陰は、時代の変化や流れを驚くほど的確に捉えていたと言えよう。

松下村塾の門下生の1人が、尊王攘夷《そんのうじょうい》運動の中心人物、長州藩士の高杉晋作だ。1862年、高杉は藩命によって清国（中国）の上海に派遣されている。そこで目の当たりにしたのが、大国であるはずの清国に別の顔があったことだ。

上海の港にはヨーロッパ諸国の商船や軍艦などが数千隻も停泊し、陸には城郭のような白壁の商館が立ち並んでいた。イギリス領事官近くのガーデンブリッジを通行する際には、中国人だけが通行料を徴収されていたという。日本人から見れば大国の中国の人々が、西洋人に酷使されていた衝撃の光景であっただろう。

さらに高杉は、武士の規範ともいえる孔子を祀《まつ》った孔子廟《びょう》で、イギリスの兵隊が陣を敷き、銃を枕に昼寝をしている姿まで見たという。

アヘン戦争後、清国は1851年から起こった内乱を自力で鎮圧することができず、イギリスやフランスの軍隊に頼っていたという話もある。しかし、それにしても高杉が見た中国はひどい有り様だったのだ。

日本が鎖国を続けていれば、イギリスやフランスなどの列強国に支配される。日本は清国の轍《てつ》を決して踏んではいけない。志を持ち、命がけでこの国をつくっていかなければならない。

戦いに敗れた国は、国の文化や誇《ほこ》りまでをも踏みにじられてしまうことを高杉は上海で直視することになったわけだ。

もちろん、当時の松下村塾では、高杉以外にも多くの若者たちが松陰の教えを学んでいた。もし、彼らの志と行動がなければ、日本はいまも列強国の言いなりだったかもしれない。いまとはまったく違う日本で私たちは生きていたのかもしれない。

ちなみに、高杉を信奉していた伊藤博文が日本の初代総理大臣であることは、言うまでもない。

このように、時代の変化を捉え、志を強く持って前に進んだ高杉らには、〝0ベースの発想〟や〝枠をつくらない思考〟があったのではないかと感じる。

昔もいまも、鋭い感性がなく、「1」からの発想にこだわる周囲の人々に、〝0ベースの発想〟はなかなか理解されないかもしれない。しかし、必ず世の中の役に立つという強い思いを一貫して持ち、モノやコトを生み出さなければならない。

イノベーションを起こす新しい価値観を生み出す概念、それを構築する思考の原点に「志」があるのだ。

決してあきらめることのない強い思考

本書の最後に、もう1つ、「概念アート」思考について紹介したい。

「De／S・i g n」思考を身につけるためには、〝枠をつくらない思考〟と〝0ベースの発想〟が非常に重要な役割を持つことは前述したとおりで、原点として「0とは何か?」という概念を心と体に深く浸透させていることが大切となる。

さらにおさらいだが、デザイン的な思考形態の「De／S・i g n」思考は、環境が発信している情報（＝S・i g n）を感じ取る「感性」を鍛えることが重要で、感じたモノやコトを枠をつくらず自由に「イメージ」する必要がある。

そして、イメージしたことがすぐに解決できない場合、どうすればイメージしたことがそのとおりに解決できるのかを繰り返し反復していくことになる。このとき、コンセプトワークを実践することで〝確固たるイメージの確立〟がなされるが、確固たるイメージの確立とはつまり「概念の構築」のことだ。これができると、感性で受け取ったテーマにブレがなくなり、目的やターゲット、時間軸を考えることができ、より明快なデザイン作業としてヴィジュアルに落とし込むことが可能となる。

この一連の流れができるようになったとき、もっと大きな思考形態にも身を投

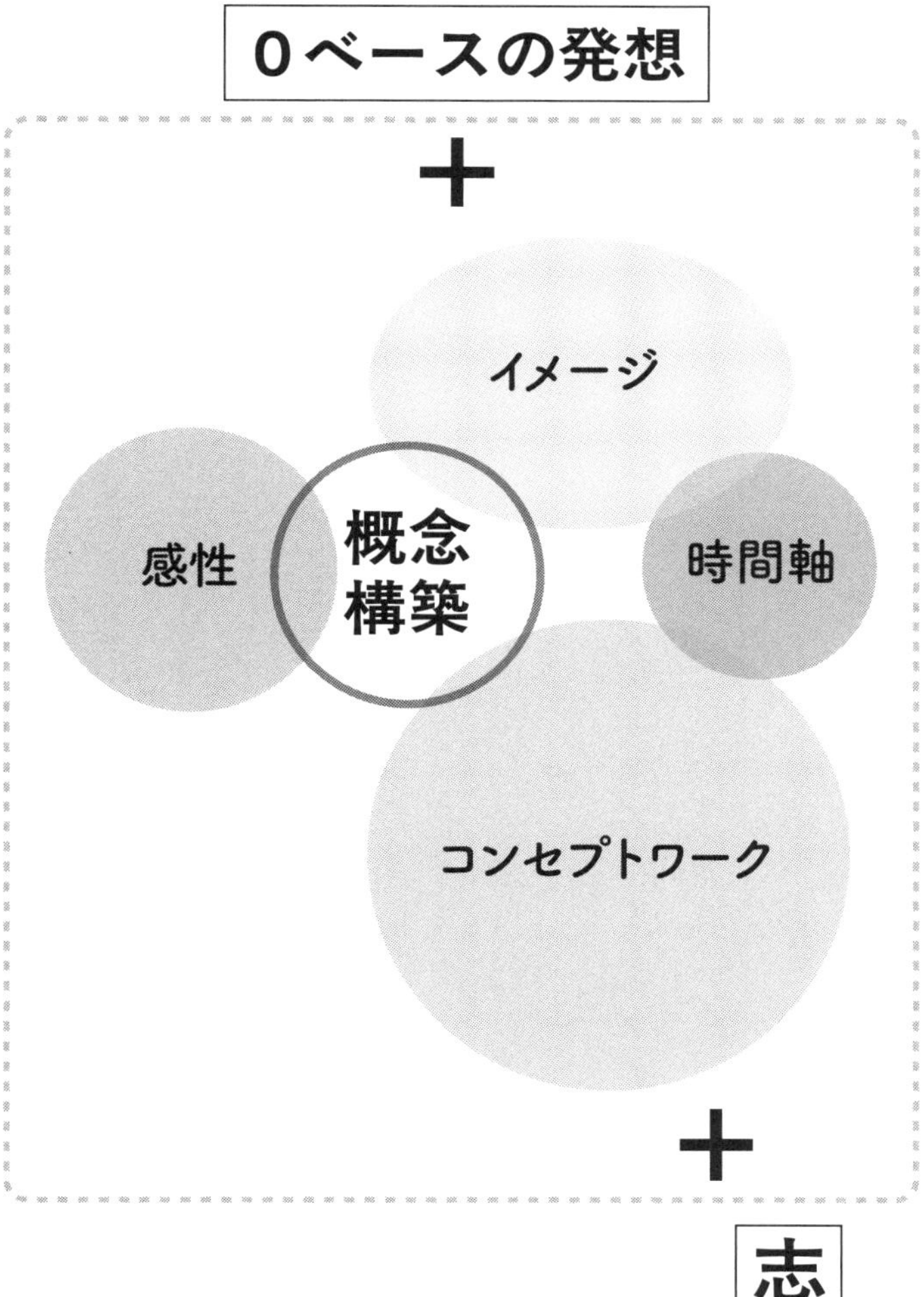

「概念アート」思考の概念図

じてみてほしい。それが「概念アート」思考だ。

確固たるイメージの確立ができたとき、自分の「志」を見つめ直し、今一度〝0ベースの発想〟に戻ってみてほしい。初心にかえって、

・本質に迫れるか?
・世のなかに役立つか?
・世のなかに新しい価値をつくり出せるか?

これらのことを考えてみる。そうすると、成し遂げたいことを成功させるまで、決してあきらめることのない強い思考を生み出すことができるようになる。

第4章

発想は五感を磨くことで生まれる

目から鱗が落ちたときに自由になれる

ここまで解説してきた思考や発想を身につけるために必要である〝感性を磨く〟ということを本章では取り上げる。

そもそも、〝感性を磨く〟経験とは、先述したように〝目から鱗が落ちた〟経験のことだ。

私は、幼い頃からさまざまな出来事を通じて、そういった経験を得てきた。それらの経験によって感性が醸成され、イメージが豊かになり、次第に〝0ベースの発想〟を脳内に確立できるようになったと考えている。

私は、生まれつき、また血筋的にもほかの子どもたちよりもひときわ何かを感じる心、その感度は高かったと自負している。ただし、それをさしひいても、私が子どもの頃は、感性が磨かれる環境が日本のあちこちにあったように思う。

近年は大人があらかじめ枠をつくってしまう教育が当たり前になっているため、〝目から鱗が落ちる〟経験には遭遇しにくいかもしれない。あるいは、そういった経験に出会ったとしても、感性が磨かれないまま過ごしてしまう可能性も往々にしてあるだろう。

では、子ども時代から感性を磨いてこなかったら、〝0ベースの発想〟はできないのかと言うと、そうではない。訓練すれば必ず可能性は広がる。

子どもの頃に経験した出来事を思い出してみることもいいだろうし、もう一度、その場所に行って、そこにしかない空気を感じてみるのもいいだろう。日々をいままでよりも丁寧に暮らしてみるのも1つの手だ。まずは、いつもは見過ごしている事象や風景をじっくり観察して、何かを感じてみてはどうだろうか?

これから、私が大人になるまでに感性が磨かれてきた出来事、またそのときに感じたことなど、その一部を紹介する。

先入観、固定観念、偏見などを取り払い、〝自由〟に心で感じてみてほしい。

小学生が時間の概念を感じた瞬間

小学4年生の夏の終わり頃の話。夕立が降った後の学校からの帰り道、道路に大きな水たまりができていた。雨上がりの空には七色の虹がかかっている。多くの人が一度くらいは見たことのある光景だろう。

そのとき私は、ふと目の前の水たまりをのぞいた。水たまりには虹が映っている。「きれいだなあ」と思った瞬間、シオカラトンボが水たまりに映り、感覚的にだが、0・2~0・3秒くらいの時間で飛び去っていった。

私は、「空にかかった虹」「水たまりに映った虹」「飛んできたシオカラトンボ」という3つの要素が重なったのを見たとき、この瞬間は〝一生の間に二度とない現象〟だと一瞬で感じたのだ。


「水たまりに映った虹と飛んできた一瞬のシオカラトンボ」は、瞬間の〝現在〟であり、「シオカラトンボが飛び去った時間」は、〝過去〟だ。

1秒にも満たないこの一瞬の出来事に、私は現在と過去と未来という「時間」の概念を感じ、その感性が体に深く染み込んだのを覚えている。

この経験の後から、私は、宇宙が誕生してからの138億年、1年、1日、1時間、1分、1秒、そして人間の一生、国の寿命、社会の仕組みなど、あらゆる時間に対して興味を持つこととなり、〝言葉で伝えない〟デザインにも必要な「時間軸」という事象を考えるようになっていった。

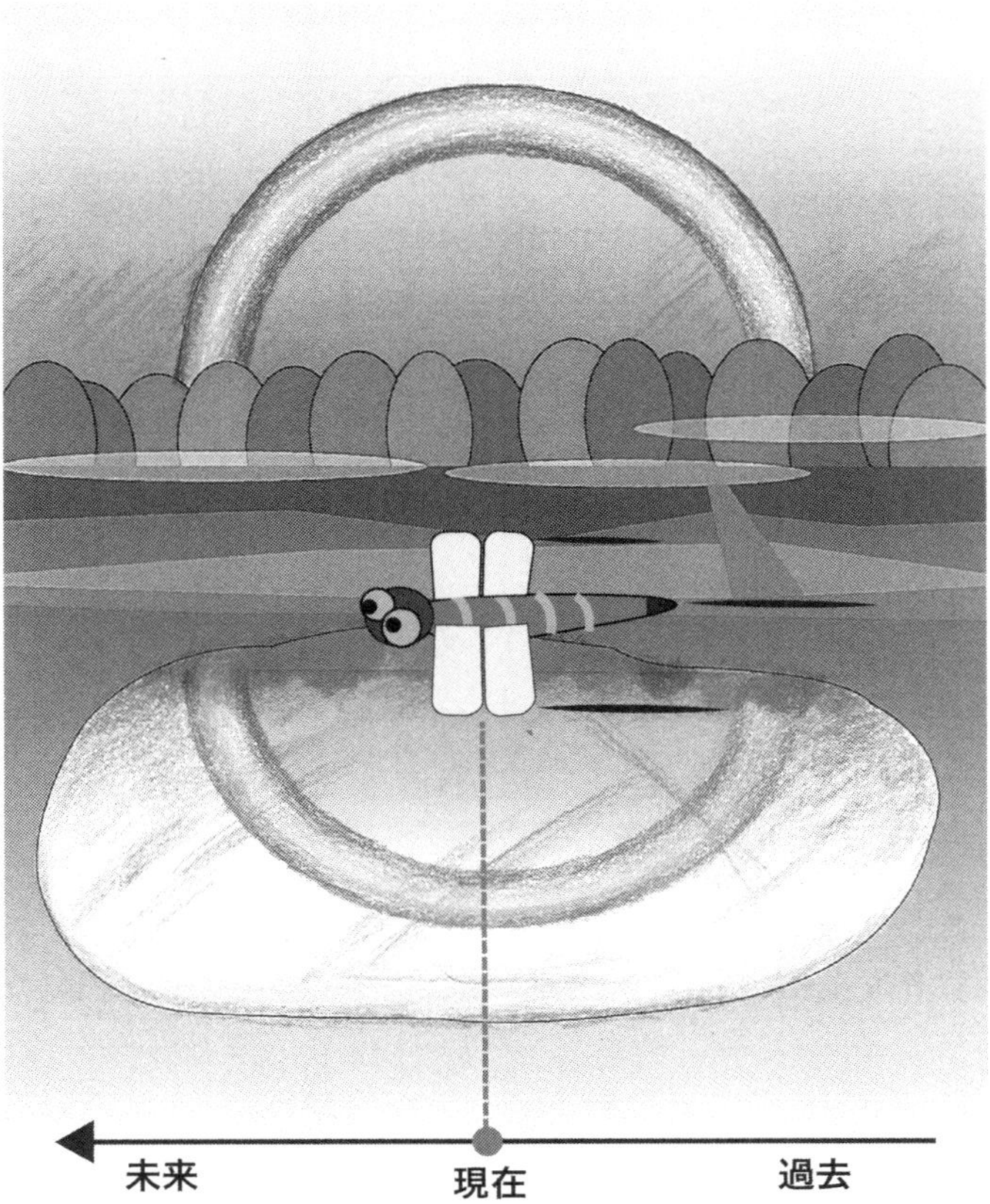

水たまりに映った虹と飛んできた一瞬のシオカラトンボ

始まりはスケール感のイメージから

山口県下関市で生まれた私は、祖父から下関条約（1895年に締結された日清戦争の講和条約）の調印における逸話を聞いたことがある。

伊藤博文らと清国の李鴻章《りこうしょう》らで執り行なわれた調印の場は、関門海峡《かんもんかいきょう》を臨む高台にある割烹《かっぽう》旅館「春帆楼」だったそうなのだが、李鴻章は、「春帆楼」から関門海峡を見てこう言ったという。

「日本にもこんなに大きな川があったのか」

もちろん、関門海峡は川ではなく、海だ。たしかに、海の向こうには福岡の門司港が見えるため、見渡す限りの水平線が広がる海というわけではない。しかし、下関で暮らしていた私だけでなく日本人の多くは、関門海峡を見れば川では

関門海峡

なく海だと認識するだろう。

祖父からこの下関条約の逸話を聞いた私は、

「中国人は、関門海峡を見て『川』と言った。中国大陸はどれほど大きな国なのだろうか。中国にはどれほど大きな『川』があるのだろう?」

と驚嘆し、想像はどんどん膨《ふく》らんでいった。

その瞬間から私の〝スケール感をイメージする感性〟が始まったと思えて

ならない。

言葉では表せない感性がある

生まれ育った場所に、歴史的・文化的価値がある建物や史実、豊かな自然があった人も多いのではないだろうか？　しかし、子どもの頃から身近にあったそれらは、そこにあることが当たり前で、あまり気に留めたことはなかったかもしれない。そのために、その価値を十分に感じることなく大人になった人も多いだろう。

私が生まれた下関市長府町は、６４６年に長門国（長州藩）の国府が置かれていた。長府という地名もその歴史に由来がある。そして、古代から近代、現代にいたるまでのさまざまな歴史的遺産が多く存在している。

現在でもよく知られているのが、城下町長府だ。江戸時代、毛利家が藩主を務めた長州藩の支藩である長府藩があった。また、毛利藩の別荘だった建物もあり、現在は町の迎賓館《げいひん》として活用されている。

そんな長府の町では、新緑の季節になると、短冊を持ち、散策をしながら俳句や短歌をつくる人々を日常的に見かけたものだった。高杉晋作由縁の地である功山寺の境内《けいだい》では、木立の間に緋毛氈《ひもうせん》を敷いた野点《のだて》が設けられていることがたびたびあった。訪れた人々がひと休みできるよう、誰にでも分け隔てなく無料で茶を飲ませてくれていた。

そして、季節感や文化、ゆったりした時間の流れを日常的に楽しみ、のんびりと会話をしながら過ごす。私はそんな大人たちの様子をよく見ていた。

子どもの頃からこうした環境で育ったことは、文化的素養が身についただけでなく、あらゆるものを五感で感じ、受け入れる感性が無意識のうちに磨かれていたように思う。

町そのものが、〝言葉では表せない感性〟を醸成してくれていたのだ。

私が生まれた下関のように、日本には多くの名所がある。あらためて、自分と由縁のある場所を思い出し、訪問するとよいだろう。感性を磨く1つの出来事に必ずなってくれる。

人が亡くなった瞬間に何を思うか?

私の母方の祖父は、氷屋とこんにゃく屋、そして映画館を経営する商売人で、俳句や俳画も嗜《たしな》んでいるような人だった。初孫だった私は祖父にずいぶんとかわいがられ、毎日のように祖父の背中におんぶされ、あちこち連れて行かれた。行きつけの酒屋では、お茶屋のおじさんや金物商の大将などと一杯やりながら四方山話に花が咲き、そんな大人たちの話を聞くことも日課になっていたのを覚えている。

祖父が経営する映画館は劇場も兼ねていたため、上方歌舞伎の二代目中村鴈治郎の公演などもしていたようだ。歌舞伎役者を中心に、屋号の幟旗《のぼりばた》と花輪などが写った写真も目にしたことがある。

そんな祖父は、私が4歳半のとき、突然この世を去った。親戚一同が集まる暮れの餅つきをしている最中、突然、倒れたのだ。

そのときの記憶は鮮明に残っている。叔母たちが抱き抱えるように祖父を座敷まで運び、横たわらせた。そのときの祖父にはまだ意識があり、「大丈夫だ」と言っていたものの、数時間後に享年52歳で帰らぬ人となった。

当時、4歳半とまだまだ幼かった私が、「人が死ぬ」「人には生命がある」ということを初めて目の前で感じた出来事だった。もちろん、はっきりと言葉にできるほど理解はしていなかったものの、〝生命の時間〟を漠然《ばくぜん》と感じ、考えるようになった原点だと言えよう。

前述した、小学4年生で虹とシオカラトンボと水たまりを見て、時間軸を感じることができたのは、このときの祖父の死が原体験にあったからのような気がしている。

自然からの発信に気づいてみる

私の亡父は戦前、西陣織《にしじんおり》の絵師だった。そんな遺伝子を引き継いだのか、私も将来は画家になりたいとひそかに思っていたものだ。

そんな私が本格的に描いた絵は、中学1年生のときの油絵になる。当時のガールフレンドの母親が油絵の道具一式を贈ってくれたことが始まりで、関門海峡が見える海岸まで出掛け、イーゼルを立て、関門海峡や海峡越しに見える門司港などをよく描いていた。

その海岸には、陽だまりで網の修理する漁師の姿がよくあった。そして、その漁師たちの行動から、〝自然からの発信に気づく感性〟に触れることになる。

漁師たちは、よく晴れた日でもそそくさと片づけを始めることがあった。そうすると1～2時間後、決まって私は夕立にやられてしまうのだった。のちに顔見知りになった漁師からは、「雨が降るぞ！」と声をかけられることもあった。

「空飛ぶ魚」

「缶詰工場」

漁師たちはなぜ天気が変わることに気づくのか？　私はそれ以後、まわりの景色を注意深く観察し、ようやくある違いに気づくことができた。

雨が降り出す1時間ほど前、関門海峡の向かいの門司にある風師《かざし》山に雲がかかり始めるのだ。もちろん、これは漁師たちに代々伝わる言い伝えのようなものではあるが、私は〝自然からの発信に気づく感性〟を得た出来事だといまでも思っている。

すべては環境が教えてくれているという気づきは、大人になってから構築した「De／S・i・g・n」思考の原点となった。

ちなみに、その1〜2年後に、下関漁港に隣接する缶詰工場が解体されるという話を耳にした。

この缶詰工場を記憶に残すため、油絵を描くことにしたのだが、それまで活気よく稼働していた缶詰工場が解体されて目の前からなくなっていく――。

これも、時間軸として時代の流れを感じた出来事となったわけだ。

戦略・戦術・戦闘の感性

中学3年生のとき、私は小倉百人一首の競技かるた全日本選手権西日本大会で4位に入賞した。

かるた取りが強くなった理由の1つをいま考えると、中学生のときにある女子高生に打ち負かされた経験が思い出される。

その年、全国のかるた取り大会でクイーンになった女子高生と対戦したときのこと。当時の私にとって、彼女の持ち札の並べ方はとてもユニークだった。自分の得意札や一枚札（「むらさめの」「すみのえの」「めぐりあひて」など、最初の音が一枚しかない札。最初の音をとって「むすめふさほせ」とも呼ばれる）を自分の身近なところに置いていたのだ。

さらに、札の取り方や手の払い方、腕のさばき方、姿勢、スピードなどにも興味をひかれた。かるた取りの立ち居振る舞い、相手に札を取らせない戦術などを彼女からひしひしと感じていた。

かるた取りという競技の本質的な戦略、洗練された戦闘技術など、子どもの私はあくまでも感覚的に捉えたにすぎなかったが、その当時の感覚は、ある人物との考えとも符合した。

それは、軍人でもあった元伊藤忠商事会長、瀬島龍三氏の「戦略・戦術・戦闘」の思考回路、また同氏の言葉「用意周到・準備万端・先手必勝」という考え方であったことに気づいたのは、とうに成人を迎えてからのことだった。

瀬島氏の思考回路や言葉についての詳細は割愛するが、この「戦略・戦術・戦闘」を理解する感性は、０ベースから発想したものを実現させるときに必須の「志」にもつながるものだと私は考えている。

夢の中で発想したモノを生み出す

小学４年生から家庭麻雀を始めた私は、６年生になる頃には大人に混ざって麻雀を打てるようになっていた。中学３年生にもなると、なぜかピカソとアインシュタイン、そしてチェロ奏者であり平和活動家として活躍したパブロ・カザルスの４人で麻雀をする夢をときどき見るようになっていた。

ある日、麻雀をしている途中、「ちょっと疲れたからお茶を飲もう」と螺旋形《らせん》のエスカレーターに乗って４人で２階へ上がる夢を見た。２階ではカザルスが弾き始めた『鳥の歌』（スペイン・カルターニャの民謡）を聴きながら、カザルス夫人が淹《い》れてくれたエスプレッソコーヒーを楽しむという至福の時間を過ごすのだった。

じつは、大人になったときにこの夢を思い出し、「螺旋エスカレーター」の発想を特許申請したことがある（のちに審査請求を忘れ、特許は逸しているのだが）。

ここで述べておきたいのは、夢での経験は〝自由なイメージ〟を構築する原点になるということだ。夢でさえも自らの感性を磨き、夢の中に〝０ベースの発想〟が隠されている。それが本当に実現できるのかできないのかは、正直そこまで重要なことではない。〝自由なイメージ〟ができてこそ、感性が磨かれている実感ができるだろう。

ちなみに、麻雀をやらなくなったこともあってか、最近ではすっかりこの幸せな麻雀の夢は見なくなってしまったのが残念でならない。

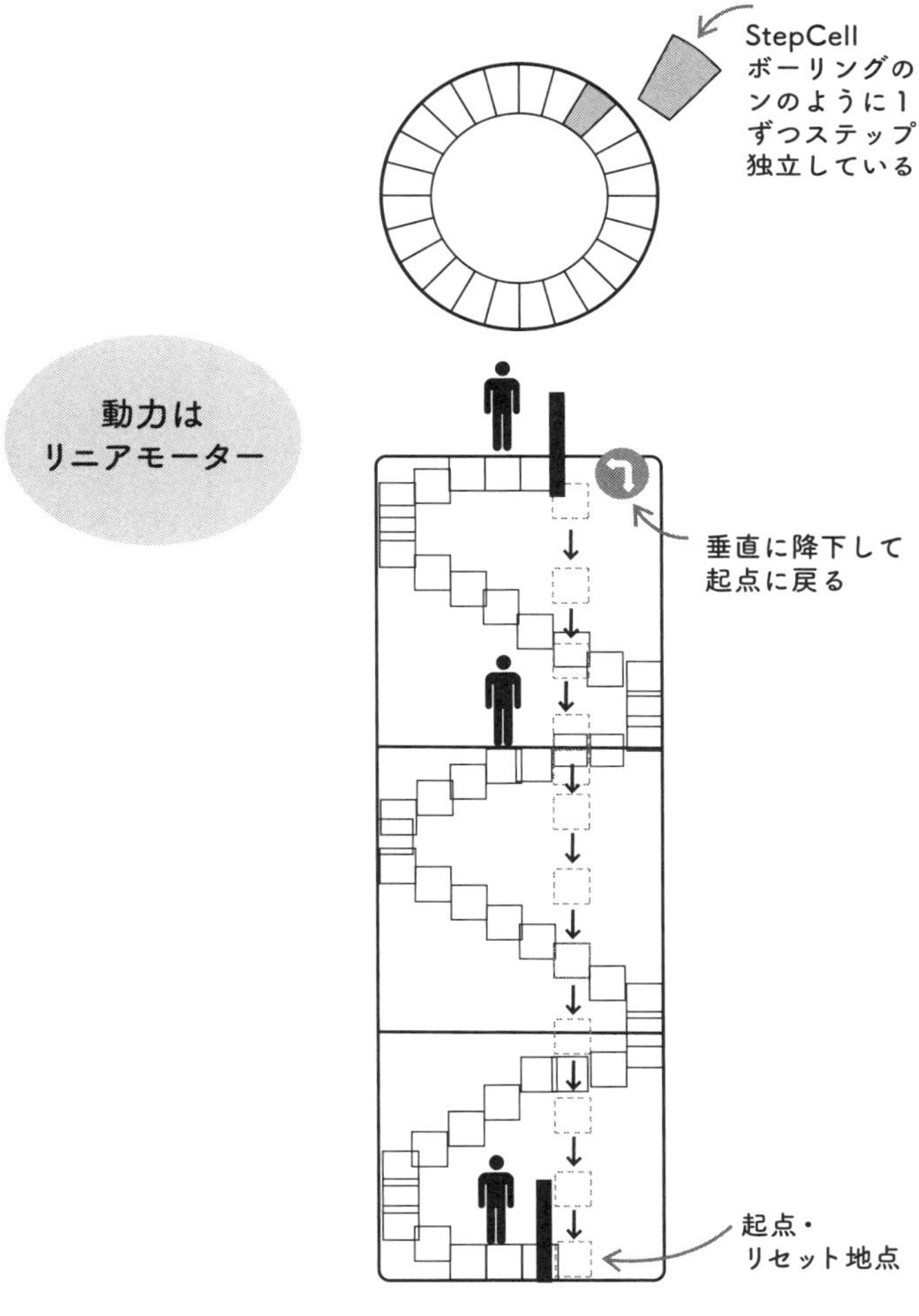

「螺旋エスカレーター」のイメージ図

誰しも自分を壊さなければならないときが来る

画家を目指していた私が、それを断念したのはパブロ・ピカソの全集を見た高校生のときだ。本書の冒頭で述べたとおり、ピカソの画風が一転したことに衝撃を受けたことがきっかけであった。

いまでこそピカソの代表的な画風となっているが、あの平面的なキュビズムで描かれた女性たちの絵は、当時の私には得体の知れない落書きのようにしか思うことができなかった。

もちろんキュビズム以前から、ピカソには素晴らしいデッサン力や表現力があり、名声を得ていた。にもかかわらず、なぜ評価を得てきた自分の価値を壊してまでこのような絵を描くのか、なぜ自分が確立した絵画手法を壊して新しい絵に挑戦するのか、ピカソは脳に何らかの変調をきたしたのか——。

郵便はがき

料金受取人払郵便

牛込局承認

6117

差出有効期限
令和8年7月
31日まで

1 6 2-8 7 9 0

東京都新宿区揚場町2-18
白宝ビル7F

フォレスト出版株式会社
愛読者カード係

フリガナ お名前	年齢　　　歳 性別（ 男・女 ）
ご住所 〒 ☎　　（　　）　　FAX　　（　　）	
ご職業	役職
ご勤務先または学校名	
Eメールアドレス メールによる新刊案内をお送り致します。ご希望されない場合は空欄のままで結構です。	

フォレスト出版　愛読者カード

ご購読ありがとうございます。今後の出版物の資料とさせていただきますので、下記の設問にお答えください。ご協力をお願い申し上げます。

● ご購入図書名　「　　　　　　　　　　　　　　　　」

● お買い上げ書店名「　　　　　　　　　　　　　　　　」書店

● お買い求めの動機は?

1. 著者が好きだから　　2. タイトルが気に入って
3. 装丁がよかったから　　4. 人にすすめられて
5. 新聞・雑誌の広告で（掲載誌誌名　　　　　　　　　）
6. その他（　　　　　　　　　　　　　　　　）

● ご購読されている新聞・雑誌・Webサイトは?

（　　　　　　　　　　　　　　　　）

● よく利用するSNSは?（複数回答可）

☐ Facebook　☐ X（旧Twitter）　☐ LINE　☐ その他（　　　　）

● お読みになりたい著者、テーマ等を具体的にお聞かせください。

（　　　　　　　　　　　　　　　　）

● 本書についてのご意見・ご感想をお聞かせください。

● ご意見・ご感想をWebサイト・広告等に掲載させていただいてもよろしいでしょうか?

☐ YES　☐ NO　☐ 匿名であればYES

私の頭のなかを多くの疑問がぐるぐる巡り始めた。恐れすら抱いたキュビズムの概念がわかるようになるのに3年もかかってしまったのだ。

当時すでに機械で画像を映し出す写真技法が登場していたのだが、ピカソは絵画での写実的な技法による描写はもはや無意味だとし、当時の絵画手法に終わりを告げた。その結果、〝複数の視点から見る〟ことを二次元の画像の中に押し込んだ新しい絵画に生きる道を見出したというわけだ。

そもそも、キュビズムとは物体を幾何学的《きかがく》に変化させて、それをさらに再構築させる手法だ。絵画の本質に迫ったピカソの感性はあふれ出し、それまでの絵画の概念を覆《くつがえ》したことで歴史的革命を起こしたと言っても過言ではない。

〝枠をつくらない思考〟や〝0ベースの発想〟などのように、私はピカソからまさに自らの価値観を壊し、新しい価値観を創出することを学ぶことができたのだ。

建築における時間軸の感覚

最後に、私の子ども時代の出来事ではないが、建築における時間軸の感性についても触れておきたい。

「天に向かって1キロメートルにたどり着くまでに、人類はどのくらいの時間を要するのだろうか?」と、当時、建築専門誌の編集長だった友人と対話したことがある。

日本で最も高い構造物は、「東京スカイツリー」の634メートルであることは周知のとおりだ。では、地球上で最も高い構造物をご存じだろうか? それは、アラブ首長国連邦のドバイにあるビル「ブルジュ・ハリファ」の828メートルだ。200階建てで、95キロメートル先からでもビルの姿が見えるという。

つまり、人類が地上から天空に向かって1キロメートルを構築するまでの距離は、あと172メートルということだ。

たった172メートルなのか、まだ172メートルもあるのか。はたして人類がその1キロメートルに到達するのは何年後になるのだろうか？

現在、東京湾に建築が予定されている「スカイマイルタワー」は、2045年完成予定だ。その高さは1700メートルとされており、1キロメートルを大幅に超えている。高さを「時間軸」で考える感性というのも、人間には決して無意味ではないということを考えさせられる。

第5章

本物との出会いが本物の感性をつくる

努力できる感性、努力の方向性を見極める感性

〝言葉で伝えない〟アイデアやデザインを生み出す感性を磨こうとする際、〝本物〟に触れる経験をすることも有効だ。

世の中には、音楽、演劇、お笑い、絵画、書道、料理、美容、ＩＴ、自動車、

科学、スポーツなどさまざまな世界があるが、それぞれに著名な人物、頂点を極めた人物がいる。

たとえば音楽の世界なら、ミリオンヒットを放つような有名アーティストや並外れた技術を持つ演奏家などだ。日本国内だけで考えれば、著名な人物は案外たくさん存在するようにも思うが、世界に名を知らしめられるのはほんの一握りの人たちだろう。どんなに歌がうまくても、作曲のセンスがあっても、なかなか日の目を見ない人は大勢いるものだ。

有名と無名の間には、運や人柄なども多少は影響しているのかもしれない。しかし、その道を究めた一流の人、つまり〝本物〟は、やはり〝努力〟を惜しんでいないと私は感じている。努力できる感性、努力の方向性を見極める感性を持っているのではないかと思えてならない。

私自身、幸いにもこれまでの人生で〝本物〟と出会う機会が多くあった。そんな〝本物〟と出会ったとき、それは感性を磨くチャンスとなる。そこでしか得られない体験が必ずあるからだ。

その人は「その人の音」を追い続ける

世界的にも名高いジャズ・トランペッター奏者の日野皓正氏と縁があり、中学生の頃からつき合いが続いている。きっかけは、ジャズの大ファンで警官だった私の叔父だ。叔父は日野氏との出会いから警官を辞め、下関でジャズ喫茶＆バーを開いた。時折、日野氏を招いてジャズセッションをしていたのが懐かしい。

日野氏が還暦を迎えた頃だったか、久しぶりに談話の機会があった。年齢を重ねても魅力を発揮し続ける日野氏に対して、「皓正兄貴、音がずいぶんと進化しているよね。すごいね」と言うと、彼はこんなふうに謙遜《けんそん》する。

「1つの音を吹いただけで、サッチモの音はサッチモの音、マイルスの音はマイルスの音だとすぐにわかる。俺はまだまだその域には達していないよ。人間としての器が違うんだ。日野皓正の音は日野皓正の音だって言われるようになるまで、1つの音を追求するんだ」

サッチモとは、アメリカのジャズ・トランペッター、ルイ・アームストロングの愛称だ。1967年の楽曲『この素晴らしき世界』は、多くの人が耳にしたことがあるメロディーのはずだ。

マイルスとは、アメリカのジャズ・トランペッターであり、作曲家や編曲家としても活躍したマイルス・デイヴィスのことだ。『ウォーキン』『カインド・オブ・ブルー』『マイルス・イン・ザ・スカイ』『ビッチェズ・ブリュー』など多くのアルバム作品で知られている。

たしかに、〝キング・オブ・ジャズ〟と称されたサッチモや〝モダン・ジャズの帝王〟と呼ばれたマイルスは、歴史的にも名を残す偉大な人物ではあるが、当時の日野氏もジャズ・トランペッターとしての地位はとうに確立していた。そんな日野氏をもってしても「まだまだ」と言わしめ、自分の音を追求し続ける姿に、私は〝本物〟が持つ感性に気づかされた。

余談だが、ジャズ喫茶&バーを開いた叔父が、癌の発病で余命宣告されたとき、「墓のデザインを頼む」と私に託してきた。そこで私は自然石を切り出し、ジャズ・ピアニストの佐藤允彦氏が作曲した雅楽《ががく》の旋律のようなオリジナル曲を銘板に刻むことにした。

高杉晋作縁の地、長府町功山寺の墓前に多くのジャズ仲間が集い、佐藤氏の楽曲を日野氏が演奏するトランペットの旋律とともに、叔父を偲《しの》んだこともある。〝本物〟との出会いは、そんな稀有《けう》なストーリーも生み出してくれる。これもまた、感性を豊かにする出来事の1つだ。

ソプラノ歌手が響かせる音の裏側

日本の有名なソプラノ歌手、佐藤しのぶ氏(1958年8月23日-2019年9月29日)をご存じだろうか？　テレビ神奈川で放映されていた『佐藤しのぶ 出逢いのハーモニー』（1999～2016年放送）というトーク番組に出演させてもらったことをきっかけに、彼女とのつき合いが始まった。彼女にはこんな逸話がある。

日本のソプラノ歌手として初めて文化庁芸術家在外研究員（国費留学生）としてイタリア・ミラノへ行ったときのこと。当時のプロデューサーから、いきなりこんなことを言われたという。

「君は痩《や》せすぎている。オペラ座でマドンナになりたいなら、もっと太りなさい。もっともっと太らないとダメだ。歌声を背骨に響かせて、その背骨に共鳴する音が、この会場全体の聴衆に聞かせるだけの力強い歌声になるんだ」

プロデューサーが放ったこの言葉は、世界で一流になるための条件だ。

以降、佐藤氏は食べて食べて食べて、口から食べたモノが飛び出しそうなほど毎日食べて、大きな体をつくったという。

持って生まれた才能だけで世界の一流になれるわけではない。努力という戦術が必要なのだ。佐藤氏は、のちに『トスカ』、『蝶々夫人』などのタイトルロールを次々に演じ、世界に知られるソプラノ歌手となった。

プロデューサーが提示した意図を受け取る感性があり、命懸けで戦術を身につけていったというわけだ。

ISOはなくてもいい

「ISO9001」「ISO14001」と書かれていると、「安全な商品を提供しているきちんとした企業なのだろう」「環境に配慮した取り組みを行なっているのだろう」といったイメージを持つのではないだろうか？

「ISO」は国際的に通用するマネジメント規格で、商品やサービス、企業に対する信頼性や安全性などを担保している証しになる。

このISO認証制度が1987年に始まって以降、多くの企業がこぞってIS

０を取得してきた印象がある。街の看板やリーフレット、ホームページなどに、大きな文字で「ＩＳＯ９００１取得」と表記されている様子もよく目にするだろう。

ＩＳＯ認証制度では、安全性や信頼性、環境に対する配慮などが確立されているだけなく、クレジットカードやネジのサイズ、非常口を示すマークなどの規格も統一されている。国際的な取引きがスムーズになるという点でも、じつは私たちの生活に大きなメリットをもたらしているのだ。

しかし、「ＩＳＯはいらない」と言いきった、ある企業の元社長がいる。

樹研工業の松浦元男氏だ。樹研工業は、プラスチック製小型精密部品を世界各地に供給している。決して大きな会社とは言えないが、不良品発生率は限りなく０に近く、超精密な部品を製造する技術は日本トップレベルと評されている。

その技術の高さを示すのが、１００万分の１グラムのプラスチック製の歯車だ。その歯車は、米粒の上に載せてもさらに小さく、顕微鏡で見なければ歯車で

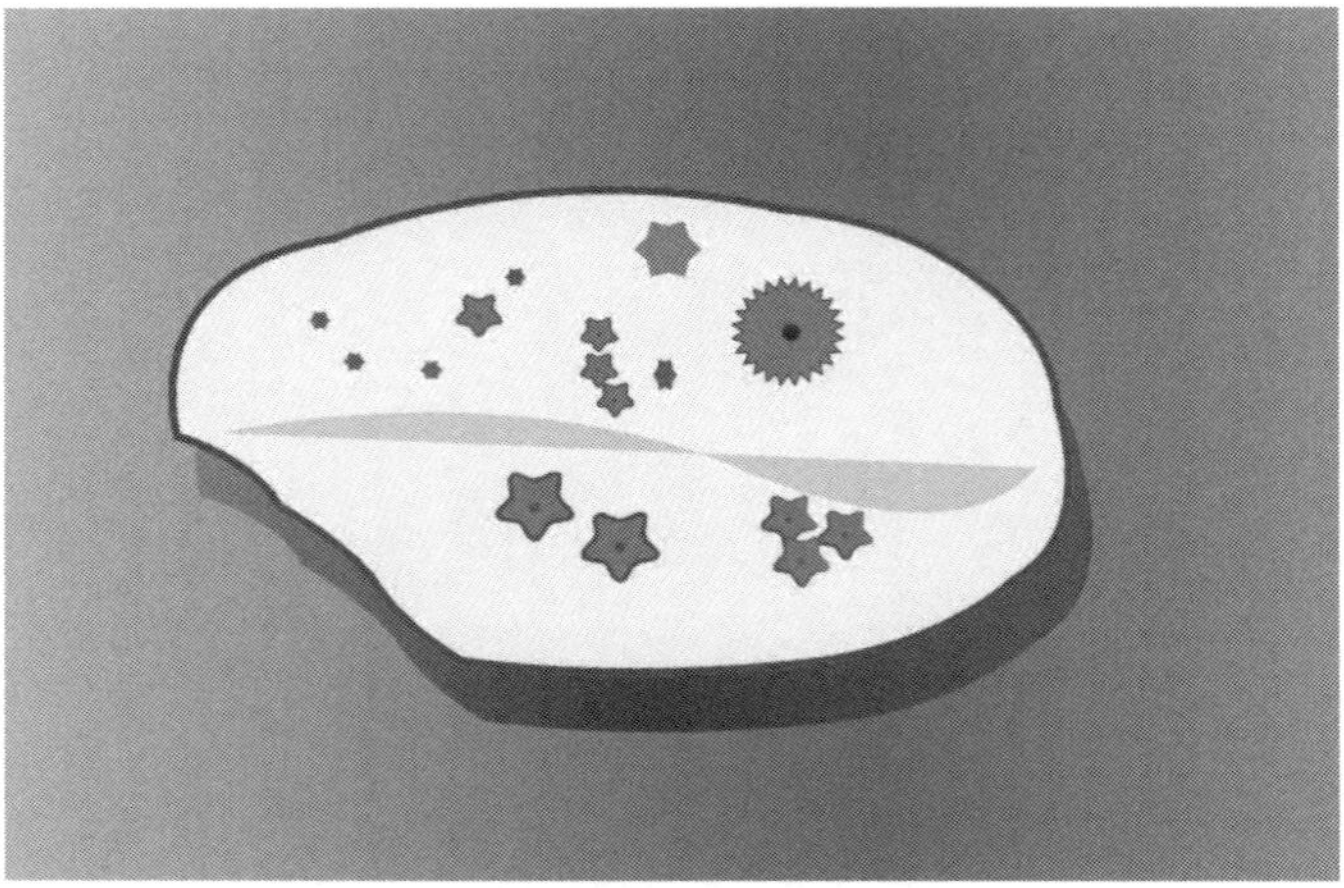

米粒の上に載せた歯車のイメージ図

あることを認識できないほどだという。それでもきちんと歯がついていて、歯車としての役割を果たすことができる。

ただし、これほど小さな歯車の使い道は、いまのところないと言われている。つまり、ＩＳＯの〝規格外〟というわけだ。もしも、樹研工業がＩＳＯや世間の常識に捉われていたら、１００万分の１グラムの歯車は開発されていなかっただろう。

ちなみに、超精密成形品をつくる際、ほんの少しの振動でも不良率は上がるそうだ。そこで工場が建っている場所は、地下3メートルもの深さまでコンクリートで固め、まさに微動だにしない基礎工事がなされているという。

ISO規格を満たしたモノをつくろうとする時点で、過去にあるモノの模倣の系列になるとも言える。樹研工業こそ、「0」の概念を持つ〝本物〟の企業だと私は考えている。

動物と自然と人間の知恵の共存

信州大学繊維学部のキャンパス内に拠点を置くAREC（一般財団法人浅間リサーチエクステンションセンター）という施設がある。産学官・地域連携をコーディネートする団体で、技術・研究開発の支援、研究成果の利用・普及の促進、産業界の人材確保・育成などの活動を行なっている。

そのARECから、発想の原点を主題とした感性工学領域の講演を依頼され、「私的感性概論」というテーマで登壇したことがある。

この講演が縁で、私はイルカの「フジ」と出会うことになった。

そもそも「感性工学（Kansei Engineering Affective Engineering）」とは、広島大学の長町三生教授がつくった、人間の感性で表現されるアーティスティックな芸術や音楽、デザインなど、主観的・論理的に説明がしづらい領域と、工学的・技術的なロジカルな科学的手法とを積み上げ、この2つの領域を融合させる日本初の新しい学問のことを言う。信州大学は「感性工学科」という学科を初めて設置した大学だ。

フジは、沖縄美ら海水族館で飼育されていたバンドウイルカで、病気で尾びれを失っていた。そこで２００４年、タイヤメーカーのブリヂストンと沖縄美ら海水族館との共創で、人工尾びれの装着が実現した。

ちなみに、人工尾びれの基本的な設計や人工尾びれを装着したフジの泳ぎ方やジャンプの解析を信州大学の森川裕久元教授が行なっていたことが、私がフジと対面できた理由だ。

本物の尾びれと同じ動きを実現する人工尾びれをつけるという発想や技術は、

動物と自然と、そして人間が持つ知恵や感性を共存させた、まさに「感性工学」の世界だと感じる。

必要のないモノを捨て去る思考形態

戦後、ＧＨＱ高官に「将棋の話を聞きたい」と依頼を受け、ＧＨＱ本部に出向いたという将棋棋士が、升田幸三氏だ。彼は日本に将棋を残した人物とも言われる。

私が将棋を始めるきっかけになったのが、この升田氏との出会いにある。東京から大阪へ向かう新幹線に乗っていると、隣の席に升田氏とその夫人が乗ってきた。和服姿の貫録《かんろく》たっぷりの姿で、ゲソの乾き物やイカの燻製《くんせい》をつまみにカップ酒を豪快に飲んでいる。私はひと目見て、それが本人だと認識することができた。

当時の私は36歳とまだまだ若輩者だったにもかかわらず、「あなたのことを知っていますよ」とずうずうしくも声をかけたところ、升田氏に「俺の何を知っちょる！」とドスの効いた声で一喝《いっかつ》されてしまった。

その後の升田氏との詳細なやりとりは省くが、千葉県市川市本八幡にある「松田将棋サロン」を紹介されたことをきっかけに、通い始めることになる。このサロンの将棋の先生が、こちらも有名な将棋棋士、松田茂役氏だった。

そこから現在にいたるまでの私の将棋の腕前はさておき、日本将棋連盟から公認普及指導員の免許もいただいている。


さて、現在の将棋界には誰もが知る2人の逸材がいる。羽生善治氏と藤井聡太氏だ。

将棋は、世界で最も難しいとされるボードゲームで、A級（将棋連盟に所属するトップクラスの棋士10人が参加するリーグ戦）8段以上はみな天才だと言われてきた。しかし、その概念を崩したのが、羽生氏であり、藤井氏だ。

羽生氏が7冠を制覇したとき、「今後100年は羽生善治を超える棋士は生まれないだろう」と言われていた。ところが、100年どころか30年も経たないうちに、驚異的な将棋感覚で藤井氏が8冠を制覇してしまったのだ。

将棋には序盤・中盤・終盤という局面にそれぞれの戦術論があるが、羽生氏は序盤の初手から将棋の本質に迫る〝羽生マジック〟と呼ばれる斬新な手を生み出していた。

私が思うに、羽生氏は将棋の本質に迫って局面を画像認識し、直感力で〝必要のないモノを捨て去る〟思考形態を構築していたのではないかと考えている。将棋の新しい概念を創出したということだ。

記憶と知識から独自の感性を磨く

羽生氏を超え、AIで過去のデータを分析し、これまで考えられなかったスピード感で新たな将棋の世界観を創出しているのが藤井氏だ。

藤井氏は、基本的に羽生氏と同じかそれ以上の思考回路を持っているように思う。中盤戦で間違いのない手を100%指すことができ、終盤の詰将棋の棋力は群を抜いている棋士である。

2023年の王将戦で、AIは藤井氏が指した手を「不正解」としたが、1時間後には「正解だった」と回答を覆《くつがえ》したという話をご存じだろうか？　現在のコンピューターの解析速度で考えると、藤井氏は9億手先までの手数を考えていることになり、AIをも超える並外れた棋力と、そして感性を持ち合わせていることがわかる。

ちなみに、世界の有名なボードゲームにチェスがあるが、そのチャンピオンは1997年にはすでにIBMのコンピューターに勝てなくなっているという。

ここでお伝えしておきたいのは、羽生氏も藤井氏も天才であるがゆえの天才棋士ではないということだ。

将棋には「感想戦」と呼ばれる戦いをもう一度振り返り、研究し直す対局がある。自分より強い人と指したときには、どこで負けたのかを振り返る。将棋は負けても負けても感想戦を繰り返し、そして対戦を繰り返して強くなっていく。

天才という才能だけではなく、自分を振り返り、反省し、次の対局に生かすという地道な努力が重要となる。そうして新しい手を自分自身で生み出し、将棋の本質に迫る人間がタイトル保持者になっていく。

デザインや仕事においても同様のことが言えるだろう。失敗の痛みを感じながら、その記憶と知識から独自の感性を訓練で磨く。そうすることで過去の模倣ではなく、「0」から発想する方法を身につけられるのだ。

将棋と相撲に見る日本独特の「間」

第4章で、子どもの頃に磨かれてきたさまざまな感性について紹介した。それらに共通するのは、〝目には見えない〟ということだ。そう考えると、目には見えない感性が〝0ベースの発想〟につながっていくことにも納得がいくのではないだろうか？

この〝目には見えない〟コトとして、日本には独特の「間」がある。「間」は本物の日本文化に触れることで感じることができる。

前述した将棋においても、「間」が存在する。対局が始まる前、棋士はいつも同じ手順、伝承文化の大橋流（江戸時代の将棋の家元の名前であり、2種類ある駒の並べ方の1つ）で駒《こま》を並べていく。すべての駒を並べ終えるまでに、3～4分の時間を要し、棋士はその「間」で戦いに入る前、心の整理をする。

この「間」は、1500年以上もの歴史があると言われる日本の国技、相撲にも存在する。それが、立ち合いだ。土俵の真ん中の仕切り線をはさみ、蹲踞《そんきょ》という、膝を曲げて腰を下ろした姿勢で見合う。制限時間は幕内は4分とされ、力士同士がお互いの呼吸を合わせる「間」となる。

土俵は神格化された場所であり、四季を表す季節の陰陽《いんよう》五行の青房（春）、赤房（夏）、白房（秋）、黒房（冬）の世界観を持つ「間」だ。

徳俵

相撲においては、もう1つ、究極の「間」が土俵に存在する。

土俵は俵で丸く仕切られているが、東西南北に俵1つ分、外側にずれている部分があるのをご存じだろうか？これを「徳俵《とくだわら》」と言い、もともと屋外にあった土俵に雨水が溜まったとき、水を吐き出す役割を果たしていた。この徳俵こそ、日本人の持っている独特の精神性であり、究極の「間」であると私は認識している。

立ち合いで呼吸を合わせ、行司の「見合った、見合った」という呼びかけで戦いが始まる。相手方に押し込まれ、俵に足がかかった力士は、一瞬「負けた！」と思う。しかし、かかった足が徳俵であれば、俵の幅分だけ、命が助かっていることになる。

元来、相撲は殿様の前で行なわれる御前試合であり、負けた力士は切腹も辞さない覚悟で戦っていたとされる。

外国にも円形や正方形で仕切られるスポーツリングはあるが、徳俵のような「間」の感覚は存在しない。「命が助かった」という一瞬の世界観は日本独特の文化であり感性だ。

将棋の「間」も、相撲の「間」も、古くから伝わる日本独特の「時間」をつくる奥深い文化だと言える。この奥深さを感じることができれば、「De／Sign」思考の構築、ひいては、亀倉雄策氏や横尾忠則氏のように、世界に共通する〝言葉で伝えない〟独自のデザインを生み出すことができるだろう。

無駄・余白・余韻の空間としての「間」

ほかにも、日本人の持つ「間」はさまざまなところで見ることができる。建築様式においては、「床の間」がそれにあたる。国土の狭い日本において、床の間は、無駄とも思われる〝空間の美意識〟だ。

また、水墨画を見れば、あえて色を塗らない〝余白の空間〟がある。鼓《つづみ》や除夜の鐘を打った後には、〝余韻を感じる時間〟がある。

混沌《こんとん》とした現代の社会情勢のなかで、日本人のアイデンティティーとして存在する「間」の概念を、デザイン的な思考や経営に落とし込むことも、〝言葉で伝えない〟表現を実現する手掛かりになるだろう。

ちなみに、現代において「間」の感覚を養うためには、比較論でのイメージを

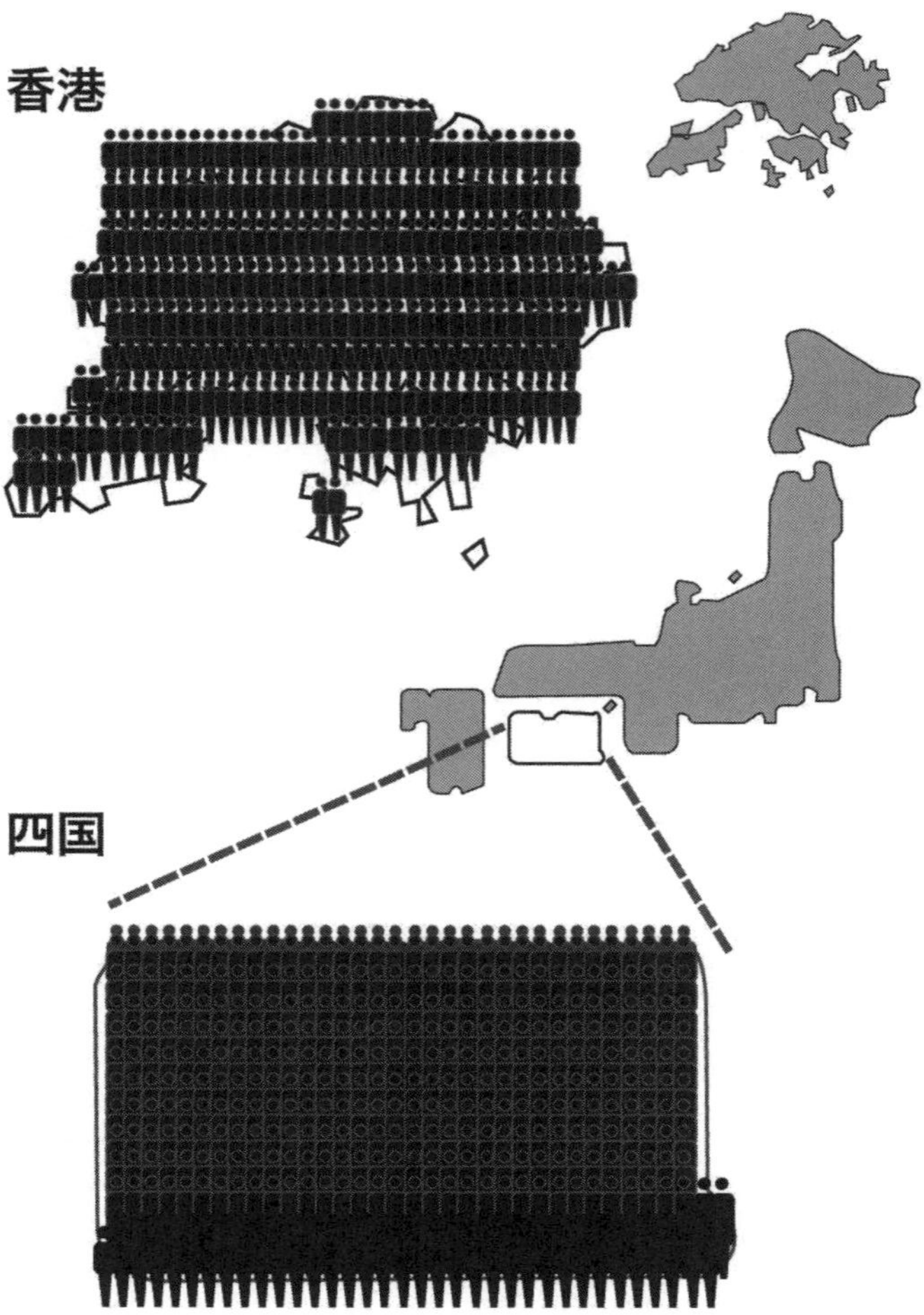

香港と四国の人口対面積比のイメージ図

利用することができる。

たとえば、人口密度についてイメージする。人口対面積比の密度が極めて高いのが香港だ。香港では、総面積1110平方キロメートルに約740万人が暮らしている。これを日本でたとえると、四国に日本の全人口約1億2000万人が暮らしている計算になるという。

このような比較をイメージしてみることで、「間」の感覚を養ってみてはどうだろうか。

「日本人にしかできない」は曖昧さがつくり出す

「元気にしていましたか?」「まあまあですね」

「この絵、上手だと思います?」「まあまあですね」

「まあまあ、そんなことでけんかするのはやめましょうよ」

日本人には、外国人にはなかなか理解ができない、「まあまあ」という曖昧《あいまい》な感覚がある。場合によっては、「まあまあ」と折り合いをつけることで、合理的な結果を導いてくれることもあるだろう。

第2章でも触れたが、日本人が白色人種でもない、黒色人種でもない、黄色人種であることも「まあまあ」の感覚につながると私は考えている。

白色と黒色は反対色で相いれない対立の構造を生み出すが、世の中にははっきりと白と黒で解決できないことは多くあるだろう。「まあまあ」と曖昧に解決することで、争いを防ぐのだ。

大きな災害が起きたとき、日本人はコンビニエンスストアやスーパーマーケットで我先にとモノを手に入れようとはしない。長蛇の列に並び、自分の順番が来るまでじっと待つ。過酷な状況下でも、お互いに譲《ゆず》り合い、助け合う。日本人という民族は、生まれながらになんとなく折り合いをつける「調和」の概念を持ち合わせている。

白色と黒色の間のグレーゾーンは無限大に近く、また「0」から「1」につないでくれる。自由な発想をするとき、民族として持つ「まあまあ」を活用しない手はないだろう。

曖昧な色彩が感性に働きかけること

黄色人種をベースとする日本には、自然が発信した日本らしい曖昧な伝統色が多く存在する。朱色、紅色、赤紫、紺色、山吹色、黄金《こがね》色、琥珀《こはく》色、萌黄色、茜色、瑠璃《るり》色、漆黒《しっこく》……。このあたりは耳にしたことがあるだろう。ほかにも茄子紺、赤胴色、紫苑《しおん》色、江戸茶、鳶《とび》色、利休色、杜若《かきつばた》色など、なんと日本の伝統色は1000以上もある。

この曖昧とも言える日本の伝統色から感性を磨くために、色見本帳を手に入れて眺めてみるのもいいだろう。さらに、西陣《にしじん》織《おり》や京友禅《きょうゆうぜん》、加賀友禅《かがゆうぜん》などといった着物や帯に触れてみるのもいいだろうし、染色技術の知識を学んでみるのもおすすめだ。

また、色は味覚や嗅覚を表現することもできる。赤は辛味、濃い緑は渋味、ピンクは甘い香り、といった具合である。つまり、感性は色彩からも働きかけられるということだ。

曖昧さや五感に即した色彩などをデザインや発想に取り込めるのは、日本人だからこそ、持って生まれた日本の本物の感性と言える。この〝本物〟の感性をより一層磨くために、日本人のアイデンティティーとして、あえて〝本物〟の日本文化に触れ続けていくことを推奨したい。

第3部

人が想像できるモノは必ず創造できる

第6章

言葉の枠を越えた産物の数々

やわらかく光る「面光源」

本章では、私自身が言葉の枠を越えて創造してきた産物の一部を紹介する。パッと見ただけで何のロゴやデザインなのかわかるものも多いだろう。多くの人に長く認知されているものも少なくないと自負している。

すべては、〝0ベースの発想〟で、枠を取り去り、環境が発信している情報

（＝Ｓｉｇｎ）を感性で捉えて創造したものばかりだ。

まず1つ目は、光に関する「面光源」だ。面光源は、非常口のサインボックスをはじめ、街中のディスプレイなど幅広く活用されている。

人類の歴史において、最初の実用的な照明が、かの有名なエジソンが発明した白熱電球である。これは、点で光る「点光源」だ。次に線で光る蛍光灯、いわゆる「線光源」が発明された。当初の非常口に使われていた照明もこの線光源だ。

しかし、世の中はもっとやわらかい光を必要としていた。それを感性で受け止めた私は、次世代の光源として「面光源」をコンセプトとした製品のイメージが湧いてきた。面光源ができることで、それはやさしく光るだけでなく、世の中のモノはよりスマートに小さく、使いやすくなる。そんなイメージから、１９７７年にプリズム効果で均一に光る面光源の開発に成功した。

面光源を使った最初の産物として完成したのは、フロアースタンド照明であった。その後、インテリアデザイナーの故・倉俣史朗氏とのコラボレーションで、

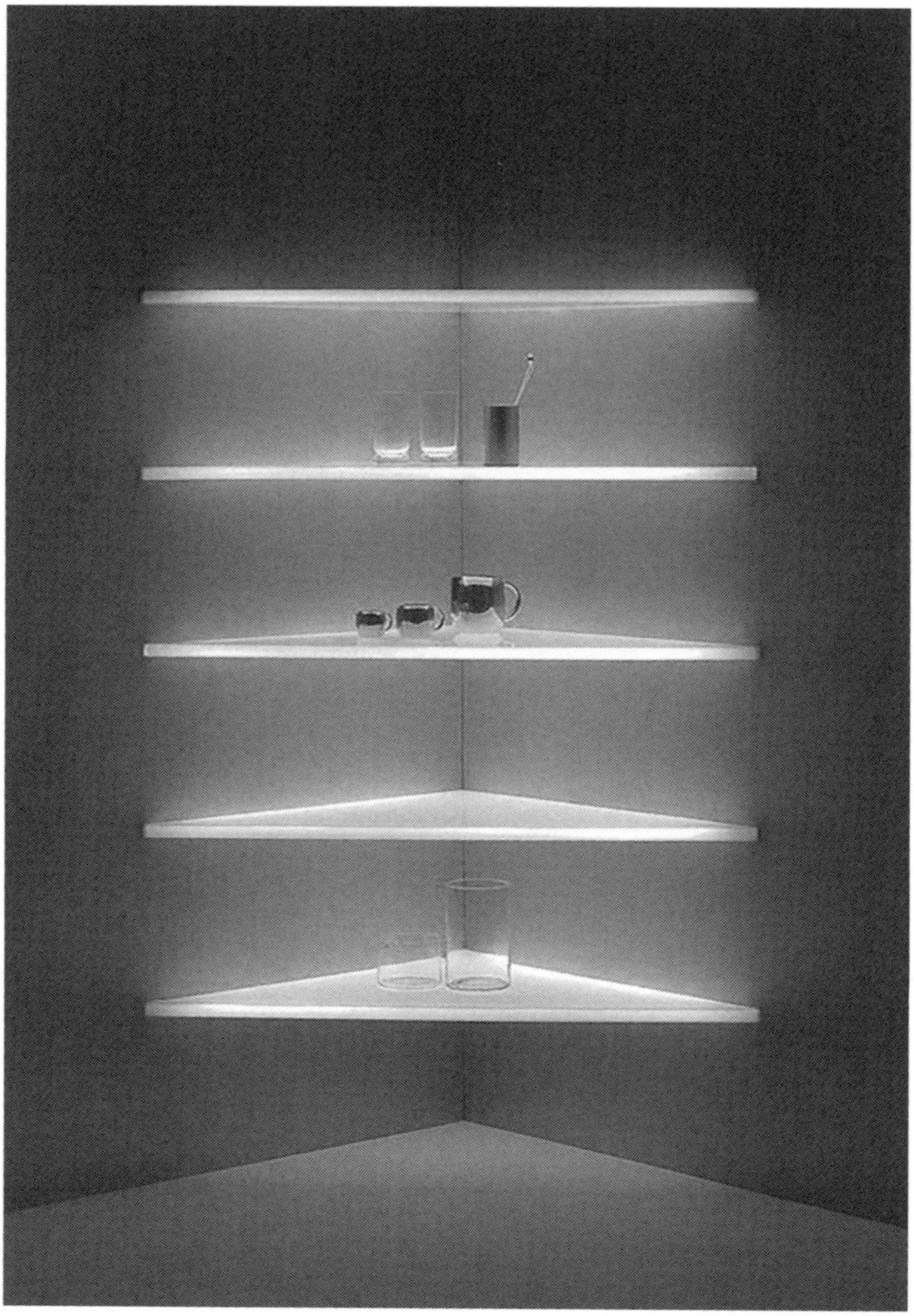

「光る棚」

商品を展示する「光る棚」の開発にも成功。これは、1979年に日本経済新聞主催の『JAPAN SHOP』（店舗や施設の空間デザイン、素材や製品などの情報が集結された店舗総合見本市）で、『THIN LIGHT SIGN SYSTEM TYPE－1』という製品名での発表が実現している。

その後、面光源は、課題となっていた非常口の薄型ピクトグラムサインに使われることになり、人々の生活を過剰に妨げることなく、しかし非常時の誘導には十分な光として存在し続けている。

そのほかにも、携帯電話の液晶バックライト、計器類の光パネル、自動車のエンブレムなど、デザインの本質を超え、さまざまな分野で面光源は活用されている。

環境にもやさしい「ECO時計」

JRや私鉄の駅のホームにある緑色やオレンジ色に光る時計にも面光源は使用

「ECO時計」

されている。

1980年代末頃まで、交通機関の公共時計には光が入っていなかった。そのため、夜間は非常に視認性が低く、しかも文字盤は白色で、文字は黒色という無彩色。駅のホームで時間を気にする忙しい人々にとって、決してやさしいデザインとは言えない時計だった。

均一にやわらかく光り、環境にもやさしい時計のイメージを思いついた私は、シチズン時計からの依頼もあったことから、面照明パネルを提供し、やわらかく光る時計の試作を繰り返すことなった。

その結果、ＪＲ東日本領域では企業カラーの緑色が、ＪＲ東海領域ではオレンジ色が、それぞれパステル色のように光る現在の時計が完成した。現在では交通公共時計として私鉄路線においても全国的に採用されている。

当時、まだ「ＥＣＯ」という言葉は一般的ではなかったが、環境にやさしい時計であるとして『ＥＣＯ時計』と命名し、１９９１年、公益社団法人日本サインデザイン協会が主催する第25回日本サインデザイン賞（通称ＳＤＡ賞）パブリック部門特別賞を受賞している。

音の概念を変えた紙の「フィルムスピーカー」

１９８７年には、紙が音を奏でる『フィルムスピーカー』を発表した。

スピーカーと言えば基本的に箱型で、スピーカーから出た音はマグネットのバ

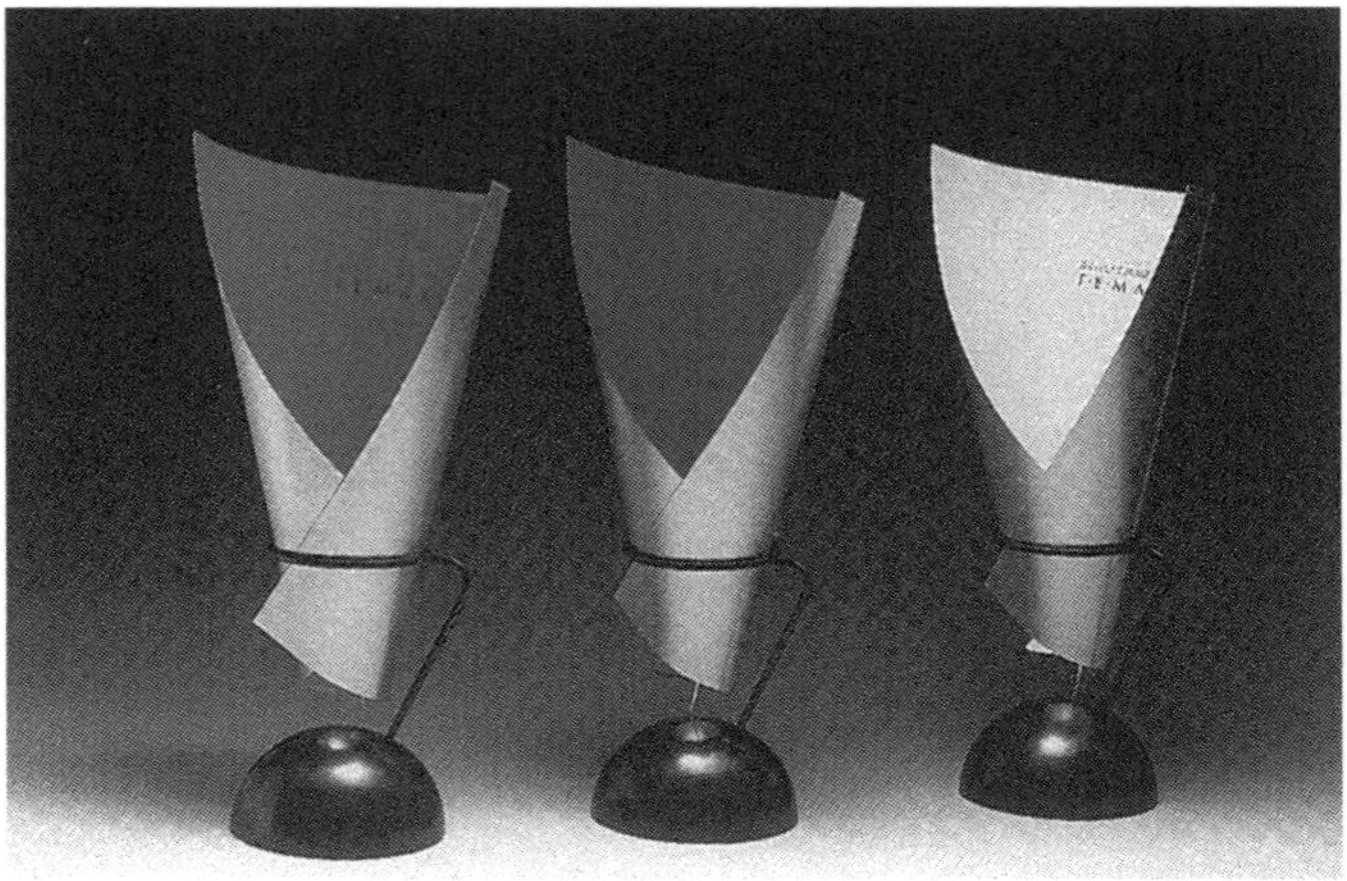

「フィルムスピーカー」

ッフル効果により空気振動で私たちの耳に伝わってくる。つまり、振動するモノがなければ音は伝わらない。通常の空気であれば音は伝わるが、真空であればもちろん伝わらない。

私は、当時〝モノ〟そのものが音を出すことはできないかと考えていたのだが、そのイメージは冬の満員電車で閃くこととなった。生地の厚い暖かそうなコートやマフラーを身につけてひと回り膨らんだ多くの乗客たちが、電車の中にどんどん吸い込まれていく。ドアからはみ出している乗客は、駅員がぐいぐいと後ろから押し込んでいく

――。

そのとき、思わず「ムギュウッ」という乗客の口もとからもれる声のような声ではないような音が発想のきっかけになった。つまり、圧力が加わることで、音が出るという仕組みだ。

この発想をある人物に話していたところ、「ピエゾ」という感圧素子の概念で実現できるかもしれないという教示を受け、当時、三菱油化株式会社（現・三菱化学株式会社）、そして私が経営していた株式会社ヨンマルゴの共同で、フィルム状のスピーカーの開発が実現した。

100ミクロン以下のセラミックスの粒子をフィルムに内蔵し、両面に蒸着メッキを施し、表と裏に電極をつけて電流を流す。すると、ブルブルと震えてブザーのような音が鳴る。そこから徐々に昇華することで、高音領域のツイッターとして環境音楽やBGMなどに使われるような、きれいな音が出るスピーカーとなった。

満員電車でもれ出る「ムギュゥッ」

手巻き寿司のイメージが世界を変えるきっかけに

製品企画としては、〝音の概念を変える〟ことを世界に知らせることを重視し、フィルムスピーカー開発時のデザインコンセプトとして、次の3つを打ち出していた。

1. 日本的な感性を感じられること。
2. 音の指向性を出すためにある程度湾曲したフォルムにする必要があること。ただしフレームはつけずフィルム形状のままであること。
3. 1と2を取り入れたうえで、音質も損なわないこと。

最終的なデザインコンセプトは、〝フレームをつくらない薄さのままであること〝世界に発信する製品として日本的な独自のデザインであること〟となり、その製品名を『Ｔ・Ｅ・Ｍ・Ａ・Ｋ・Ｉ（ＴＨＩＮ ＦＩＬＭ ＳＰＥＡＫＥＲ）』と命名した。

デザインの参考になった手巻き寿司をイメージした形状で、色彩はバーミリオンレッド、オフホワイト、ピュアグリーンの３色展開、現代的なデザインイメージで発表することになった。

同製品は、１９８７年日本経済新聞社主催の優れた新製品や新サービスを表彰するイベントで、年間最優秀製品賞を三菱油化株式会社とともに受賞している。

このフィルムスピーカーの概念は、位相を変えることで現在までに優秀な超音波センサーへと進化し、医療分野ではＣＴスキャンやＭＲＩ、もっと身近なところでは携帯電話のスイッチ機能（タッチパネルなどの感圧素子として活用）など、形を変えてあらゆる分野で活躍している。

いつまでも心に残る親しみやすいロゴマーク

『かんぽの宿』というロゴマークはいまでは見ることがほとんどなくなったが、もともと日本郵政の外郭団体（簡易保険郵便年金福祉事業団）が所有する宿泊施設であったことから、国民に愛され、誰でも安心して泊まれる宿という印象だった。

2007年の郵政民営化前の話になるが、簡易保険郵便年金福祉事業団のCI（コーポレートアイデンティティー）、およびVI（ヴィジュアルアイデンティティー）の構築を依頼されたのが1994年のことだ。「かんぽの宿」「かんぽヘルスプラザ」「かんぽレクセンター」「かんぽの郷」の4事業部のトータルデザインを行なうことになった。

『かんぽの宿』のロゴマーク制作にあたっては、やはり〝みんなから愛される

「かんぽの宿」ロゴマーク

宿〟というイメージが基本のコンセプトで、明るく親しみやすく、やわらかく、誠実で、受け入れられやすい、そんな印象を持ってもらうために〝筆〟を手に取った。

コンピューターに向かってつくる文字とは違い、ひとたび見るだけで多くの人の心に残るロゴを創造することができたのではないかと思う。

国立公園や国定公園の敷地内にもあった『かんぽの宿』は、いまでも根強いファンが多い。日本国民の心の中に当たり前にあるロゴとしてあり続けてほしかったが、日本郵政はいまでは宿泊事業から撤退し、『かんぽの宿』はなくなってしまった。とても残念だ。

誰が見ても安心できるロゴマーク

日本全国さまざまな場所で見かけるニッポンレンタカーのデザイン看板は、2011年の東日本大震災をきっかけに見直されている。

じつはニッポンレンタカーの看板は、東日本大震災以前、全国のフランチャイジー（フランチャイズ制度から2018年より直営化）で統一されているとは言い難いものだった。

それぞれの地域や店舗の担当者が町の看板製作会社などに依頼していたようで、赤やグレーの色合いや、そもそもの形状も微妙に異なっていたのだ。

レンタカーを借りる人からすれば、知らない町に出掛けたときに、同じニッポンレンタカーなのに微妙に異なる看板を見ると、違和感と不安がよぎることもあ

「ニッポンレンタカー」ロゴマーク

るのではないだろうか？　どの地域でも統一された看板は、レンタカーを借りる人に安心感を与える１つの材料になるはずだ。

見直しのきっかけとなった東日本大震災だが、ニッポンレンタカーの現地店舗も多く被害を受けた。再建とともに、私は店舗デザインに関わるＣＩの再構築を依頼され、そして創造したのが現在のロゴマークや看板となる。

ニッポンレンタカーのコーポレートカラーである赤色は、日本の国旗色をイメージした色彩で統一。太い線と細い線が2本並んでいるようなロゴマークは「N」をデフォルメしたもので、「揺るぎない」「しっかりとした」というイメージと道路を安定して走る真っすぐなイメージを表現している。

余談だが、とくに北陸地区では冬の季節になると積雪や曇りの日が多いことから、日中は店舗の存在感がなくなるという問題もあり、赤色とグレー色のバランスを見直すことにもなった。グレー色単体で立体フォルムを3段階の構造にすることで陰影が3段階にわたってつき、明度差により看板の存在感を生み出すことに成功した経緯がある。

照明に関しては、それまでは看板を全面的に光らせていたが、ロゴマークだけを光らせるというデザインを施した。そうすることで、日中でも夜間でも見やすく、存在感のある店舗デザインが実現した。

さらに、蛍光灯照明からLED型看板にしたことで、省エネ率約80%を達成し、CO_2問題解決への取り組みを先取りするデザインにもなった。

ちなみに店舗デザインは、都市部で使用する通常仕様と景観条例区域仕様の2

タイプを作成した。後者のデザインで設計されたニッポンレンタカー・草津駅東口営業所が、2015年に滋賀県草津市の『くさつ景観グランプリ屋外広告物部門 景観協力賞』を受賞している。

「ニッポンレンタカー」がそこにあること、安心・安全に車を借りられること、環境に配慮していることなどを想像し、それらすべてを店舗デザインに関わるCIの考え方に組み込んだ非常にわかりやすい事例と言える。

日本文化を世界に運ぶフランチャイズ展開

日本航空が初めてジャンボジェット機（ボーイング747）を導入したのは、1970年のことだ。従来の飛行機と比較すると、2倍ほどの人々を一度に輸送できる、そんな大型の航空機の登場となった。

高度経済成長期に所得倍増計画が打ち出され、国民は豊かになり、海外渡航への需要も高まりつつある頃だった。1965年には、日本航空も海外旅行パッケージ『ジャルパック』の発売をしていた。

大量輸送ができて、しかも乗客を満杯にして飛ばすことができるとなれば、旅行代金を安くすることができる。旅行代金が安くなって海外へ旅行する人が増えれば、販売形式の見直しが必要になるのは必然だ。

なにしろ1971年までは1ドル360円の固定相場制だったこともあり、ハワイに1人行くだけで何十万円もの航空運賃が必要だった。そのため、海外に行くためのチケットを購入するときには、応接室のような場所で手渡しされていたこともある。

そんな時代の新業態開発のコンセプトとして生まれたのが、〝運賃チケット販売から旅のチケット販売へ〟である。パッケージツアーとして大量輸送となれば、必然的に一度に大量のチケットをさばけるカウンターが必要になる。

『ジャルパック』の拡大へ向けて、チケットを販売する300店舗をわずか1年間で全国にオープンさせることが決まったとき、私はジャルパックモデル店舗デザインの企画からスタートし、３００店舗を展開するマニュアル制作などを行なった。

当時は、コンビニエンスストアやファミリーレストランといった全国展開はいまほど多くはなく、このＪＡＬの店舗展開の仕組み（多店舗展開）はつまり、フランチャイズ店舗展開におけるマニュアル制作の先駆けになったとも言えるだろう。

「想像」が未来につながる「創造」になる

また、海外からの日本のイメージを変え、日本の文化を海外に知らせることも使命の１つだった。その頃の日本のイメージと言えば、「フジヤマ」「ゲイシャ」などだ。

しかし、日本には日本らしい文化がほかにももっとたくさんある。そこで、〝文化を運ぶ日本航空〟というコンセプトのもと、日本文化である「禅」「歌舞伎」「能」「民話」などの精巧なモデルを作成し、それらの概念を1枚のパネルで表示することにした。

　世界約40数カ国にある支店のウインドウディスプレイを創造し、ＪＡＬの支店を通して世界に日本を伝えていった。この試みによって、たとえば東西冷戦時のソ連のモスクワ市内カリーニン通りの支店には、東洋文化や歴史を学んでいるモスクワ大学の学生たち約１５０～１６０人がたびたび訪れるようになった。「禅」や「歌舞伎」など日本の文化に関して、ＪＡＬのスタッフを質問攻めにする様子が見られるようにもなった出来事だ。

　また、パリ支店やニューヨーク支店でも同様に、日本の長い歴史や文化が見直され、その試みは世界中から評価を受けることになった。

　〝ジャンボジェット機の就航〟は、海外旅行を楽しむ人々の笑顔、チケットを手軽に買い求める旅行客、ジャンボジェット機の窓から見える広い海、日本文化の発信など、さまざまな事柄を想像させるきっかけを生み出したということになるだろう。

日本のたった1つの会社から始まった、たった1つの出来事。そこから想像されることが世界へ、そして現在にも未来にもつながる創造物の実現になった事例だと言える。

第7章

言葉を越える表現へ挑戦を続ける

イメージができればロジックは後からついてくる

もうすでに、「こんなモノがあればいい」「あんな表現をしたい」と、これまでの域をはるかに越えたさまざまなイメージや想像が湧いているかもしれない。

最初の段階では、イメージや想像を具体的に言葉にすることは難しく、またイメージを現実化するためのロジックもまだまだ組み立てられる状態ではないことが多い。しかし、そのイメージや想像が確固たるものになっていけば、ロジックを無理に考えようとはしなくても、後から必ず組み立てられるようになる。

むしろ、ロジックが先に完成していたとするなら、おそらくそれは〝0ベースの発想〟で創造されたものではない。イノベーションを起こすような価値観を生み出したとは言えないだろう。

感性で捉えたテーマを自由なイメージでどんどん膨らませていく――。そうして、どんどん膨らんでいったイメージが絞り込まれ、新しい概念やロジックが明確に構築されるのだ。

ひと言で物事の本質を表すコンセプトワーク

イメージができればロジックは後からついてくるとは言っても、膨らんだイメージを最終的に世の中に送り出すためには、イメージをギュッと絞り込んでいくコンセプトワークが必要になる。

コンセプトとは「概念」であり、コンセプトワークは、つまり〝ひと言で物事の本質を表すこと〟だ。

以前、孔子の論語を勉強する機会があった際に次のような話を聞いた。

中国の詩選に収められている三百の詩を見て、孔子の弟子が質問をしたという。

「ここに収められている三百の詩はみんなすばらしい詩だとは思いますが、数多ある詩のなかから、なぜこれらが選ばれたのでしょうか？」

孔子はこう答える。

「ひと言で言えば、すべての詩に邪念がないからだ」

〝ひと言で言えば邪念がない〟は、「コンセプトワーク」の本質そのものなのではないかと私は考えている。繰り返しになるが、コンセプトワークとは、〝ひと言で物事の本質を表すこと〟だ。

その言葉にたどり着くために必要なコト

たとえば、「レンタカー」という言葉、業態がある。「レンタカー」は日本の造語で、1970年代に一般に浸透していったとされているが、日本のレンタカーの歴史は大正時代に始まる。T型フォードを海外から輸入し、いまでは禁止されている運転手つきで、元々は「貸自動車」と言われていた。

その後、個人で自動車を買って乗る時代が来るわけだが、次世代のレンタルカーのフランチャイズシステムとして新業態が生まれることになる。

そもそも「レンタカー」の語源はアメリカで、アメリカでレンタカー業が新業態として登場したときには「Ｃａｒ Ｒｅｎｔａｌ」「Ｒｅｎｔａｌ Ｃａｒ」「Ｒｅｎｔａｌ ａ Ｃａｒ」などと呼ばれていたようだ。そして、日本でもレンタカー会社が設立され始めた際に、「Ｒｅｎｔ ａ Ｃａｒ」を「レンタカー」と和製読みしたのがきっかけだと言われている。

車を〝買って〟乗るのではなく、車を〝借りて〟乗るという、それまで一般的ではなかった業態の概念が具体化されたことで、最終的に「レンタカー」という日本語造語が広く浸透することになった。ひと言で業態を表すことに成功した事例だ。

この「レンタカー」という言葉にたどり着くまでの一連の流れが、まさにコンセプトワークと言えよう。

コンセプトワークの手順とスキルの磨き方

コンセプトワークの具体的な手順を図にすると次ページのとおりになる。

まず、膨らんだイメージやテーマについて、現状分析を行なう前段として与件をする。与件とは、現状認識をするうえで、テーマに関連するすべての言葉を箇条書きにすることだ。

また、このときに、付随する行動や時間軸に関するすべての状況も含めた言葉や、イメージにかかわるキーワードも列挙し、それらを必要なキーワードと不要なキーワードに分類する。

次に、必要なキーワードを必要条件と十分条件に振り分ける。必要条件とは、そのキーワード（モノ・コト）がなければ、その業態やデザインが立ち行かない

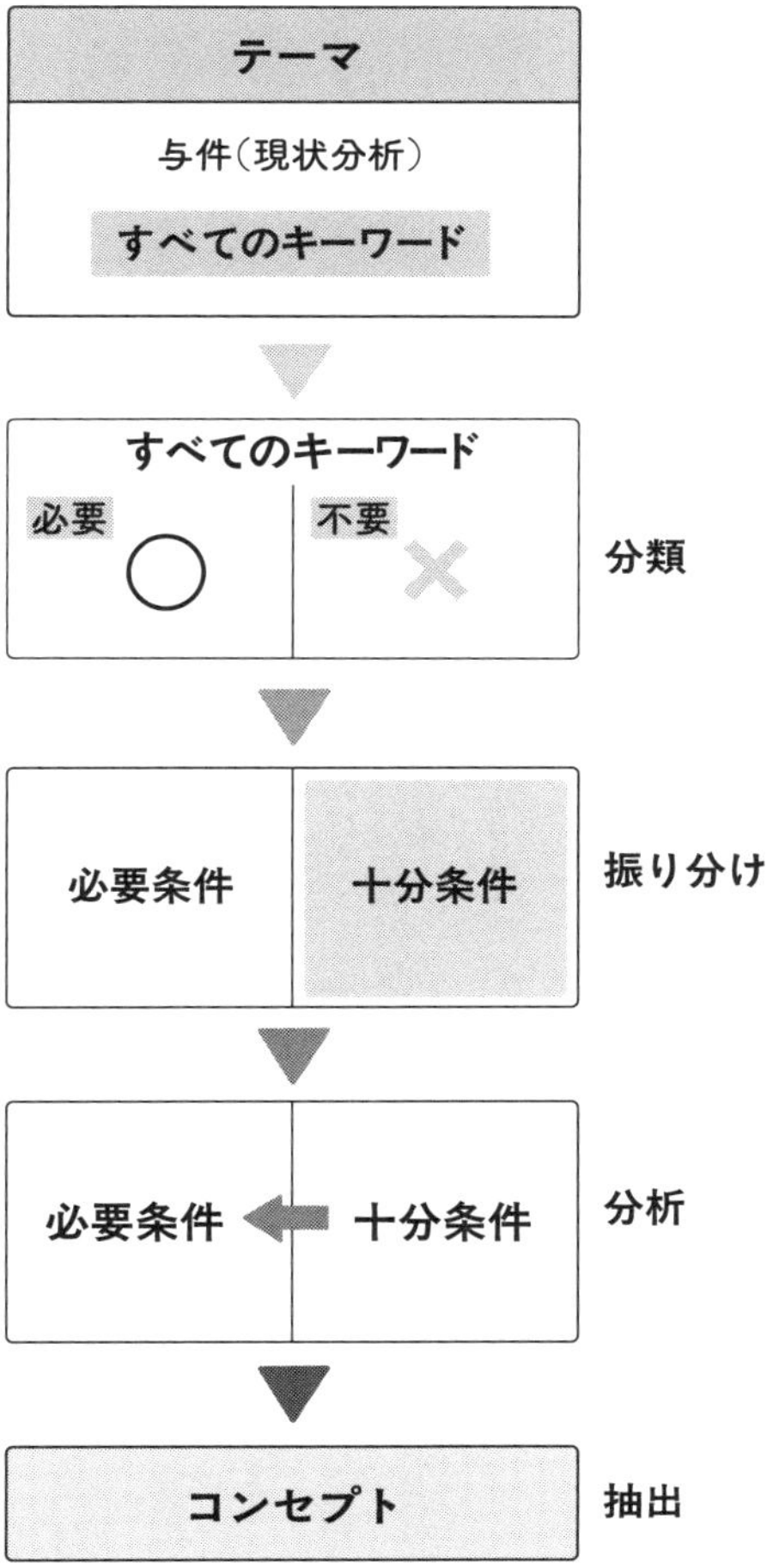

コンセプトワークの手順

モノのこと。一方で、必要条件を満たすために必要不可欠なことが十分条件となる。

さらにその十分条件のうち、イメージやテーマを構築するうえで抱えている課題に、その十分条件を加えることで解決できるモノ、つまり必要条件になるモノを分析していく。このとき、市場環境の分析やマーケティング戦略などで一般的に知られる3C分析を活用するとよい。

【3C分析】
・Customer……市場ではどんなものが求められているか？
・Competitor……どうすれば競合に勝てるか？
・Company……自社の強みは何か？

コンセプトワークとは、絞りに絞った〝ひと言で認識できるキーワード〟を生み出す抽出作業のこと。このように最初に挙げたキーワードを絞り込んでいくことで、最終的に1つの明確なコンセプトが抽出されていく。

比較論でコンセプトワークのコツをつかむ

ちなみに、このコンセプトワークのコツをつかむためには、第5章でも紹介した比較論でモノを見ていくことが有用だ。

たとえば、生活雑貨や日用品、DIY用品、アウトドア用品、文具など幅広い商品を販売するLOFTと東急ハンズを比較する。一見、2つは似たような形態で展開しているが、〝何か違う〟と感じている人は少なくないだろう。

LOFTは、感性の優れたバイヤーが、機能性はもちろん、デザイン性も含めて〝いいモノ〟や〝洗練されたモノ〟を選んできて、お店に並べる。いわゆるセレクトショップのような印象だ。

一方、東急ハンズは、〝コト〟を売る。「棚をつくりたい」「水彩画を描きたい」「キャンプをしたい」といった〝コト〟をするために必要で、効率的・効果的なモノを数多く提供している。

ＬＯＦＴと東急ハンズ以外にも、炭酸飲料のコカ・コーラとペプシコーラ、自動車メーカーのトヨタとホンダ、化粧品メーカーの資生堂と花王、家電量販店のノジマとヤマダデンキなどを比較して、商品の売り方や見せ方、スタッフの対応、アフターサービス、店舗のデザインなど、それぞれが表現しているモノやコトの違いをよく考えてみる。こういった比較の作業をすることで、コンセプトワークのスキルは磨かれていく。

訓練で感性は高められる

〝言葉で伝えない〟発想を生み出すためには感性を磨くこと、感性が磨かれる場所に出向いたり本物のヒトやモノと出会ったりすることなどの大切さは、本書で幾度となく伝えてきた。

さらに、さまざまな訓練をすることで感性をより一層高めることができる。その訓練例が次のとおりだ。

・脳内から余分なモノを取り去る。
・どんどんイメージを膨らませていく。
・一番好きなコトを追求する。

まずは、過去に学んだこと、知識として習得していることなどをいったん脳内からすべて取り去ってみる。

たとえば、原子力発電というモノを脳内から取り去ってみる。2011年の東日本大震災は、多くの人が電力や原発について深く考えるきかっけになったはずだ。原発政策については、たびたび議論されているが、かといって着地点はいまだ見出されていない。

日々の生活のなかに当たり前に存在している電気、あるいは原発というモノがそもそも存在していなかったら、私たちの生活はどうなっているのだろうか？

なくては生きていけないのか、なくても生きていけるのだろうか？　本当に必要モノなのかどうか？　とことん考えてみてほしい。

もちろん、原発だけではなく、スマートフォンがなかったら……、エアコンがなかったら……、家がなかったら……、名前がなかったら……、言葉がなかったら……、など、「ない」状態をイメージしてみるモノはなんでもいい。

子どもの頃の気持ちに戻り、「なぜ」「どうして」を繰り返しながら発想していくイメージを持つことができれば、もっとやりやすくなるかもしれない。

次に、大好きな食べ物を1つ選び、もし、その食べ物を今後いっさい食べられない状況になったらどうするかを考える。仕事や家庭、生活、お金など余計なことは一切除外して、その食べ物だけをイメージする。

それを手に入れるために、世界中を探し回るのか、手に入れる方法を専門家に聞いてみるのか、自分自身の手でその食べ物をつくり出すのか？　とにかく食べられる状態のイメージができるまで、どんどん考えていく。

絶対に食べられる状態まで突き詰めることができたら、それは「想像」を「創造」できたことになるだろう。

最後に、自分が一番好きなコトに関して、誰にも負けないレベルまで自分自身をとことん積み上げていく。

途中で飽きてしまえば、それは一番好きなコトではなかったのかもしれない。好きなコトの本質がわからなくなってあきらめたなら、それはそれで追求した結果になるのかもしれない。

あるいは、いつも何気なく夢中になっていることに対して、なぜ、そのモノやコトが好きなのか、徹底的に考えてみるのもよいだろう。

ほかにも、「偉人と言われる人たちの思考回路を考える」「プロフェショナルとアマチュアの違いを考える」「あるコトについて、徹底的に人と語り合う」なども訓練になる。

これらの訓練から、〝何かの気づきを得る〟ことができたとき、感性はより一層磨かれているという証拠になるだろう。

「人間」と「アナログ」と「デジタル」

感性を高める訓練をするときに、ぜひ考えを巡らせてほしいことがある。それは「アナログ」と「デジタル」についてだ。

１９９０年代から、コンピューター、インターネット、ＡＩなど、いわゆるデジタル技術はめまぐるしい速さで進化してきた。人との連絡を便利にしたり、仕事の効率を上げたり、病気の早期発見につながったり、デジタル化による恩恵は計り知れない。私たちの生活に大きな変化をもたらし、それらはなくてはならない存在になっている。

いまとなっては、なんでもデジタル化することがいいことのようにされている節もあり、何かを創造するときにデジタルをベースにイメージを働かせる人も少なくないだろう。

しかし、アナログとデジタルは50対50くらいの感覚で捉えておかなければ、〝0ベースの発想〟は生まれない。なぜなら、デジタルはしょせん過去の実績の積み上げでしかないからだ。先述した将棋の藤井聡太氏の王将戦で、ＡＩが彼の手に追いついていなかったこともその証拠になるだろう。

そして、もっと重要なことは、〝人間の手に負えない〟デジタルは使うべきではないということだ。

これも原発で考えるとわかりやすい。福島第一原子力発電所を襲《おそ》った津波は、核燃料棒をむき出しにした。燃料棒が冷やされなくなり炉心溶融《ろしんようゆう》すると、放射性物質は拡散されることになる。こうして２０１１年の事故のとき、ヘリコプターから散水するという事態に陥ったわけだが、明らかに人間の手に負える状態ではなかった。

現在の放射線量は大きく低減しているとはいえ、廃炉にはまだまだ相当な時間を必要とする。核融合で２３００〜２７００℃に達する高熱を常温に戻すロジックが確立されていないにもかかわらず、はたして原発がこの世に存在して本当によいのだろうか？

そもそも、原子爆弾の開発につながった相対性理論を提唱したアインシュタインでさえ、自分自身の功績が与えた影響を非常に後悔していたと言われている。

大きな事故が起きたとき、「想定外だった」という言い訳をよく耳にする。想定外の事故などが起きたとき、人間のアナログな力で想定内に収められるロジックがないものは、デジタルで実用するべきではない。

アナログとデジタル、想定外と想定内――。〝0ベースの発想〟ができていなければ、それこそ人類はＡＩに滅ぼされることになるのではないだろうか？

人間が唯一つくれないモノ

私は、人が想像できるものは必ず創造できると考えているが、唯一つくれないものがある。それは「時間」である。

人が時間をつくれない一方で、時間は永遠に続く。自分がこの世から去ったとき、自分の時間はそこで終わってしまう。しかし、時間は自分が生まれる前から続き、自分が世を去った後も続いていく――。その永遠に続く時間の中で、１人が生きる時間はたった１００年にも満たないことがほとんどだ。

だからこそ、時間は大切に使っていくべきであるし、〝時間軸〟の感性を養うことが重要だと言える。

この時間軸の概念が体に染み込まないままであれば、毎日を〝なんとなく〟生きていることになるだろう。しかし、人間がつくれない唯一のものが時間であるという感覚が体のなかに染み込めば、時間の使い方が格段に変わってくるはずだ。

ただし、１００年しか時間がないからと言って、体を動かし続けたり、何か考え事をし続けたりしなければいけないわけではない。何もせずボーッとしたりダラダラしたりするときも、その時間は体力を養うために必要な時間、ぼんやりしながら何かを得る時間になる。それこそが〝言葉で伝えない〟発想を得る時間である。時間軸が身につけば、次第にそれを感じられるようになるだろう。

あらゆるモノの寿命を見据える

そして、集中して何かに取り組むときには、ほかの人の何倍ものエネルギーを使って、その時間を過ごすこともできるようになるはずだ。

メジャーリーガーの大谷翔平氏が、高校生の頃から野球に専念するための生き方を明確にしていたという話はよく知られている。おそらく彼は、幼い頃から時間軸に対する感性を持ち、人とはまったく違うレベルで時間を使ってきたのではないかと考えられる。

100年にも満たない1人の時間をどう使うか、どう生きるかという自己アイデンティティーを確立させることも、感性を高めるために大切なことだ。

そして、社会や時代が必要としているモノやコトを時間軸で考えてみてほしい。企業の新業態や新商品を開発するような仕事をしているなら、企業寿命や商品寿命をイメージすることは必須ではないだろうか?

たとえば小売業という業態1つとってみても、この数十年で販売形態は大きく変化した。個人商店↓商店街↓専門店↓百貨店↓スーパーマーケット↓大型量販店↓コンビニエンスストア↓テレビショッピング↓eコマースといった具合だ。

社会的な仕組み・政治・法律・物事・教育・生活・業態・製品・機械・道具・地球・宇宙・芸術・音楽・伝統文化・流通・建築物・動植物・環境・歴史・民族……。すべてにおいて、時代の流れをイメージして予測する。100年先、300年先、500年先、あらゆるモノの寿命をも見据えて想像し、創造していかなければならない。

なかったモノを生み出すよろこびを知る

私が、これまでになかったモノを生み出すとき、直感的に閃いてすぐに創造できるときもあれば、何年もかけてイメージを湧かせ、さらに何年もかけてやっとコンセプトワークができるときもある。

長い時間を経てようやくイメージが固まり、「やっぱりこれだったんだ」「やっぱり世の中にはこれが必要だったんだ」という段階にまでたどり着いたときのよろこびはひとしおだ。

そして、現在でも創造するために持ち続けているイメージはたくさんある。たとえば、電源のいらないきれいな光の塊。丸くふんわりと光るボールのような塊をポンポンと蹴《け》飛《と》ばしながら、どの部屋にもどんな場所にも持っていくことができるようなモノだ。

寝転がって本を読むときには、その光の塊を隣に転がせておけば十分な明かりを得ることができる。友人や家族と食卓を囲むときには、インテリアのようにその光の塊が自分たちのまわりを彩る。このようなとてもシンプルな光の創造を何年にもわたってイメージし続けている。

答えが出るまではイメージを持ち続ける

また、私がすでにイメージやコンセプトを確立させていながら、実用化されていないモノもある。それが、「VIコード（ビジュアル・アイデンティティー・コード）」で、二次元コードに代わる概念だと確信している。

現在、いたるところで見かける二次元コードだが、黒い線や点で表示されているだけで、何を表しているのかはそれを見ただけでは何もわからない。「商品の詳細はこちらから」「動画はこちらから」「チケットのお申込みはこちらから」など、〝言葉〟が必ず添えられている。

それらたくさんの二次元コードだけを集めて並べてしまえば、どれが何の二次元コードなのか、さっぱり区別はつかないであろう。〝言葉で伝えない〟はずのサインデザインにもかかわらず、〝言葉で伝える〟デザインとして成立しているのが二次元コードだと言っても過言ではない。

一方、ＶＩコードは二次元コードのように読み込むことで情報が得られ、見るだけでも何を表しているのかがわかる〝言葉で伝えない〟サインデザインだ。情報の入り口としての画像認識技術とも言えよう。

たとえば、避難場所のピクトグラムをＶＩコードにすると、〝言葉で伝えない〟というだけでなく、さまざまな課題を解決することができる。そもそも、ピクトグラムであるため目で見たときにそこが避難場所だということ、あるいは避難場所の方向はすぐにわかる。

しかし、地震や津波、水害などが起きたとき、その避難場所が必ずしも安全な場所とは限らない。その際、ＶＩコードにもなっているその避難場所のピクトグラムをスマートフォンで読み込むことで、安全な避難場所や行き方、その避難場所の収容規模、備蓄品などの最新の情報を把握できるようにするのだ。

このように、言葉を使わずにひと目でわかる、伝わるピクトグラムとＶＩコードを組み合わせることで、災害時や緊急時にも非常に有効になると考えている。

救急病院や水の確保、迷子、帰宅困難者一時施設などの情報をリアルタイムで得られるようになることは、災害が増えていく世の中に重要なのではないだろうか？　まさに、〝言葉で伝えない〟災害情報サポートだと言えるだろう。

このＶＩコードの実現に向けてのハードルはかなり高いのだが、私はあきらめていない。

挑戦し続けるということは、もちろん失敗もともなう。想像したモノがなかなか創造できなくても、本当に実現不可能だという答えが出るまでは、そのイメージは持ち続けておくべきだろう。何かのきっかけで、いつかその想像が明確な形となって、言葉を越えるモノやコトを創造できるときがくるかもしれない。

世のなかの多くの人々に広く浸透し、活用・認知される創造物は、やはり、〝言語で伝えない〟モノやコトである必要があるのだ。

おわりに

私は、ここまで述べてきた〝0ベースの発想〟を身につけるための学びの場、「溝部塾」を不定期で開講している。

0の発想の原点、0とは何か? から始まり、モノの見方や考え方、感性を磨くとはどういうことなのか、イメージを膨らませるとはどういうことなのかを考え、具体的なイメージトレーニング、実際のデザインを作業するまでのプロセスなどを塾生とともに行なっている。

また、本書で詳しくお伝えしてきた「De／Sign」思考、および「概念アート」思考を通じて、デザイナーを目指す人や商品開発を生業にする人、新規事業の構築を考えている経営者、そして地域活性化に携わる人などに広く啓蒙活動も行なっている。

しばらく休んでいた溝部塾を2024年に開講した。そのきっかけになったのが、あるセミナーで出会った中学生の少年だった。

そこでブレーンストーミングを行なう際、私は「0ベースの発想を若い人たちに伝えていきたい」と自己紹介をした。私と同じグループにいた彼は、「その話をもっと聞きたいです」と小さな声で私に話しかけてきてくれたのだ。

じつは当時、彼は不登校だったという。学校に行かないのか行けないのか、友人がいるのかいないのか、勉強が好きなのか嫌いなのか定かではないのだが、口数が多いわけではなくおとなしそうな彼が、私の話を感性で捉え、勇気を出して話しかけてくれたのだと感じた瞬間、私自身が彼と共鳴したような感覚を持ったのだ。

彼のために溝部塾を再開し、彼の感性を最大限に引き出し、彼自身が磨いていく感性を見てみたいとも思った。

もともとメタバース（バーチャルリアリティー）に興味があったようで、溝部塾に参加するようになってからより一層メタバースについて学び、いまは自分自身でもバーチャルな世界をつくり始めている。

もし彼が、まわりの大人たちに学校へ通うことばかりを働きかけられていたら？　もし、無理をして学校に通っていたら？　彼の発想は枠に閉じ込められてしまっていたかもしれない。そう考えると恐ろしくてたまらない。

現在の日本は〝知識を覚える教育〟が基本である。試験問題はあらかじめ答えが決まっているし、新しいモノを生み出す知恵を身につける教育が不足している。

ただし、彼自身が高校受験を望んで、組織として共同生活を経験・体験できたのならば、同じ次世代のなかに感性を共有し、切磋琢磨し合える人間も現れるかもしれない。もちろんそれはとても貴重なことでもあるから、挑戦することは否定しない。

また、私は〝すべてのヴィジュアルは言語を越える〟をコンセプトとして、企業のロゴマークやブランドマークはもちろん、すべてのデザインを総称して「ピクトロゴ」と命名している。

「ヴィジュアルの持つ力」＝「ピクトロゴデザインは無限大」として、これまでもこれからもデザインの本質に迫ることをやめないだろう。

こういった〝言葉で伝えない〟考え方を伝授するために本書を書き始めたわけだが、言葉を必要とする〝書籍〟という形を利用することには矛盾をはらんでいるような気もするし、そうかんたんなことでもなかった。

しかし、何かを学んだり感性を磨いたりする手段は、書籍だろうがなんだろうがなんでもかまわない。しかも、〝言葉で伝えない〟と頑なになることもまた、枠にとらわれていることになるだろう。

本書で伝えてきたように、子どもも大人も性別も国籍も関係なく、1人でも多くの人が感性を磨き、何かを創造していくことができれば、世界はもっとよくなっていくと私は信じている。

最後に、上梓にこぎつけたのは、本書を出版するきっかけとなったＰＲＰＪ主宰の岡崎充さん、ハルナカアート代表の春仲萌絵さんをはじめ、これまで出会った多くの方々からの励ましやご指導の賜物とあらためて深く感謝申し上げたい。また、発想やイメージの構築を計る脳内の時間の流れにおいて、集中するとまわりが見えなくなり、日常生活もまともに送れなくなる私を支えてくれた、妻の妙子にも深く感謝の気持ちを伝えたい。

２０２５年１月

溝部達司

【著者プロフィール】

溝部達司（みぞべ・たつじ）

概念アーティスト／ Miz-Design 代表／溝部塾塾長
1971 年に多摩美術大学立体デザインインテリアデザイン科を卒業。同年日本航空（株）関連会社のディスプレイジャパン（株）に入社。企画・デザイン室にて日本航空の国内外支店設計、海外向けディスプレイ及び販売促進物のデザイン業務を行なう。VI（ヴィジュアルアイデンティティー・企業理念に基づく視覚的統合）の企画開発、企業の新業務開発・商品開発、ブランド戦略等コンサルティングを行ない、ニッポンレンタカーの CI（コーポレートアイデンティティー）店舗デザイン制作に携わった。1977 年に株式会社ヨンマルゴを設立、代表取締役就任。1995 年に株式会社ミザックス代表取締役就任。2001 年に Miz-Design ミズ・デザインオフィス代表就任。2017 年から「情報の入り口をデザインする」VisualCode の確立を目指す株式会社 VICode 代表取締役就任。2024 年 8 月に同社を辞任。2011 年からは子どもから大人まで発想力を鍛える溝部塾の講師としても活動中。現在は PICTLOGO の概念の確立を目指す「すべてのヴィジュアルは言語を越える」というコンセプトで、世界の人々がヴィジュアルデザインを通じて一目でわかるコミュニケーションツールを構築する仲間づくりを精力的に行なっている。

言葉で伝えない

2025年3月6日　　初版発行

著　者　溝部達司
発行者　太田　宏
発行所　フォレスト出版株式会社
〒162-0824 東京都新宿区揚場町2-18 白宝ビル7F
電話　03-5229-5750（営業）
03-5229-5757（編集）
URL　http://www.forestpub.co.jp

印刷・製本　中央精版印刷株式会社

ISBN978-4-86680-312-8　Printed in Japan